Qi-Gong y Kuji-In

Una guía práctica a
una experiencia esotérica oriental

por MahaVajra

F.Lepine Publishing

http://www.kujiin.com

© François Lépine, 2008

Traducido por Amanda Reyes Nicholas

ISBN: 978-1-926659-05-3

Agradezco a los Maestros que me han enseñado
esta Sabiduría Sagrada.

Ruego para que Dios le conceda una experiencia bendita al
practicar las poderosas técnicas que se encuentran en este libro.

- MahaVajra

Índice de Materias

Introducción

El cuerpo humano, a pesar del hecho que lo usamos todos los días de nuestra vida desde el nacimiento hasta la muerte, sigue siendo el centro de muchos misterios profundos. Los misterios del corazón y la mente (que parecen desafiar la habilidad de la ciencia para diseccionar y entender) son incluso mayores. En comparación, los misterios del Espíritu están más allá del alcance de nuestra imaginación. Por esta razón, comenzamos nuestro trabajo espiritual con estudio y prácticas que utilizan el cuerpo humano como herramienta. A través de nuestra búsqueda personal, encontraremos muchos secretos espirituales escondidos en nuestra experiencia física y tangible.

Podríamos escribir un libro entero por cada capítulo que hemos escrito aquí. Sin embargo, nos gustaría concentrarnos en los aspectos prácticos de cada una de las técnicas que les estamos enseñando. Así, resumiremos una gran cantidad de información en unas líneas. Hay también algunas palabras técnicas que quizás quisieran entender antes de comenzar a aprender este arte místico. Estas palabras son esenciales para la comprensión del resto del libro y repetiremos sus nombres con frecuencia, para que las asimilen más fácilmente. La nueva terminología está reflejada más adelante, seguida de una explicación de su significado y uso.

Meridianos: Hay muchos circuitos de energía en el cuerpo humano. La mayoría comienzan o finalizan en una extremidad como los dedos de los pies o manos. Los chinos se refieren a estos circuitos de energía como meridianos. Tanto el Qi-Gong como Kuji-In emplean algunas herramientas para estimular y dirigir el flujo energético de estos circuitos energéticos para sanar su cuerpo a nivel energético y físico y para ayudar a manifestar sus deseos. Las técnicas que usted va a utilizar para trabajar con la energía incluyen: ejercicios de respiración, visualizaciones (llamadas mandalas), cantos/oraciones (llamados mantras) y posiciones de las manos (llamados mudras). Qi-Gong y Kuji-Inn utilizan estos mandalas, mantras y mudras en ejercicios específicos para ayudarle a conectar con su Yo Superior. Este libro también provee de un contexto conceptual que hace posible el éxito en la utilización de estas técnicas.

Mudra: Un "mudra" es un gesto de las manos o una postura que adoptan las manos empleada para atraer un efecto en el flujo de energías que comienzan o terminan en la punta de los dedos.

Mantra: La energía del cuerpo también puede ser estimulada a través del sonido. Un "mantra" es un sonido que puede tomar la forma tanto de una palabra corta como de una oración más compleja. Un mantra va a estimular patrones de energía específicos en el interior y alrededor suyo.

Mandala: Por encima de todo, los símbolos e imágenes en su mente afectan el flujo y las manifestaciones de las energías utilizadas. Un "mandala" es un símbolo o una imagen visualizada para comprometer la mente en una participación activa con un trabajo energético o un proceso espiritual.

Mudra, mantra y mandala: son tres herramientas sencillas que pueden aumentar su experiencia espiritual. Estas herramientas afectan las energías en su cuerpo físico y espiritual. Combinadas contribuyen a aumentar su desarrollo personal. Pueden producir cualquier tipo de efecto, desde acelerar la sanación del cuerpo hasta beneficiarle en el desarrollo de habilidades psíquicas. Estas herramientas son una parte de la sabiduría sagrada llamada Qi-Gong, que significa "trabajando con la energía" o "práctica energética".

Existe otro arte llamado Kuji-In que redefine su visión del mundo a su alrededor. La práctica de sus técnicas le revelará lentamente una visión del universo que no podría haber anticipado antes de comenzar, porque permite a la mente humana limitada expandir su visión para percibir la Fuente de Todo. Este método espiritual le ayudará en su progreso dentro del camino hacia la realización de su potencial completo. Esto está apoyado en una contemplación budista que confío que le inspire acerca del estado de la mente que Kuji-In trata de desarrollar en cada practicante.

Buddha dijo: "Considero las posiciones de Reyes y Gobernantes como motas de polvo. Observo tesoros de oro y gemas como ladrillos y cuentas. Miro por encima de los más finos ropajes de seda y alfombras hechas jirones, y veo miríadas de mundos del universo como pequeñas semillas de fruta, y el mayor lago de India como una gota de aceite en mi pie. Percibo las enseñanzas del mundo como la ilusión de los magos. Discierno el más alto concepto de la emancipación como un brocado dorado en un sueño y visualizo el camino sagrado de los iluminados como flores apareciendo en los ojos de uno. Veo la meditación como el pilar de una montaña. Nirvana como la pesadilla de lo cotidiano. Miro por encima del juicio de lo correcto e incorrecto como la sinuosa Danza del dragón, y del ascenso y descenso de las creencias como rastros dejados por las cuatro estaciones."

Sobre todo, deje que el conocimiento de este libro sea asimilado a través de la experiencia en vez de a través de un análisis intelectual aislado. Tómese tiempo para contemplar el sentimiento que cada técnica le evoca. Preste atención a su cuerpo, su corazón y su mente. Eventualmente tomará conciencia de su Espíritu. Todas las palabras técnicas estarán rodeadas de instrucciones prácticas y esto ayudará a su mente a establecer los vínculos necesarios. Confíe en sí mismo y tenga una buena experiencia de aprendizaje.

Resumen Teórico

Las enseñanzas Budistas, Taoístas e Hindúes contienen la sabiduría fundamental que se puede encontrar tras la mayor parte de las prácticas orientales. Todas las enseñanzas de los sonidos de los mantras, de los gestos de los mudras y de los símbolos de los mandalas proceden de estas fuentes, así como muchas de las aplicaciones de la meditación de dichas enseñanzas. La Medicina China es asimismo una fuente muy importante de conocimiento para los practicantes de Qi-Gong.

Las artes marciales desarrolladas por los monjes Shao-Lin usan una ciencia mística secreta para controlar la energía en el cuerpo. Esta profunda ciencia se llama Qi-Gong. Qi es energía en su forma manifiesta y Gong es el método práctico de aplicación. Por lo tanto, los métodos de Qi-Gong son los medios o las técnicas para el control del flujo de energía en el interior de su cuerpo. Después de un tiempo, con mucha práctica, puede incluso experimentar con la manifestación del Qi fuera de su cuerpo.

La forma más popular de Qi-Gong en Norteamérica y Europa es Tai Chi Chuan. El arte del Qi-Gong ha existido mucho antes que los artistas marciales lo incorporaran a sus estilos de lucha. Por lo tanto, hay muchas prácticas de Qi-Gong muy sencillas sobre el cuerpo. Estas prácticas no están orientadas con ninguna técnica de lucha específica y no es necesario aprender a luchar para aprenderlas.

Como muchas filosofías esotéricas, los Budistas enseñan que, para alcanzar la iluminación espiritual, uno ha de emprender la realización de los ejercicios necesarios con un corazón sincero. Los secretos de la sanación, la habilidad de ver más allá de la realidad ordinaria, el talento de la comunicación mente a mente, son aspectos del sistema mágico budista. Como cada grupo de alquimistas, también buscan expandir su vida más allá del período normal. Ninguna de estas habilidades se le manifestará a usted a no ser que comience con la actitud apropiada.

Las técnicas de Qi-Gong enseñadas en las primeras lecciones son los métodos básicos que aumentarán su habilidad para experimentar energías espirituales. Tras haber conseguido sentir la energía, nos centraremos en los aspectos prácticos de la ciencia oriental esotérica Kuji-In. Le animamos a aprender más acerca de la Medicina China y los canales de energía en el cuerpo. Asimismo es muy importante para usted elegir una técnica de meditación y meditar frecuentemente si quiere beneficiarse del enorme potencial de los métodos explicados en este manual. Para principiantes proporcionamos en este libro una técnica de meditación sencilla. Según aprenda más y practique diligentemente lo que ha aprendido, sus experiencias con Qi-Gong y Kuji-In mejorarán.

Sistemas Orientales de Energía: Jin, Qi, Shen

En la última sección explicamos que la energía toma forma en un amplio rango de manifestaciones: luz, movimiento, electricidad, vida... De este modo, encontramos que la energía se manifiesta en el cuerpo de diversas maneras. Las hemos clasificado aquí como tres tipos de energía: Jin, Qi y Shen. Son energías que fluyen en el cuerpo físico de acuerdo con la Medicina Tradicional China. Toman otros nombres en la filosofía oculta occidental y hablaremos de esas otras terminologías en otro apartado.

Jin

La energía que influye directamente sobre el plano físico se llama Jin. Es el poder que se convierte en movimiento físico, es la energía de calor y es la fuerza detrás de cada acción. Jin puede proceder de Qi, que es una energía más sutil. Hay muchos métodos para convertir Qi en Jin, implicando la compresión de Qi hasta que es suficientemente denso como para volverse disponible en el plano físico, donde puede manifestarse. Jin puede producir calor, puede crear corrientes eléctricas más intensas en nuestro sistema nervioso, puede sanar nuestro cuerpo más rápidamente que Qi solo y puede aumentar la fuerza física. Jin es la energía actuando sobre materia bruta. Usualmente fluye a través del bajo vientre.

Desarrollará el nivel de energía Jin a través del uso de ejercicios de respiración y prácticas de Qi-Gong. Jin se usará en muchas de las prácticas físicas que usted aprenderá en las próximas secciones. Jin nos asiste desarrollando la fuerza de voluntad y la autoconfianza. La fuerza de voluntad y la autoconfianza ayudan al Jin a manifestarse físicamente.

Qi

Qi es la energía en su forma etérea. Es nuestra fuerza de vida. Es bioelectricidad. El cuerpo la usa de forma natural para todas las funciones vitales y el cerebro para funcionar. Qi se puede mover de un lado a otro antes de ser convertida en la forma activa de Jin o en la forma elevada de energía conocida como Shen. Deseamos desarrollar y acumular Qi porque es fácil de usar y porque nos ofrece el rango más amplio de aplicaciones. Las técnicas de respiración aumentan el movimiento de Qi en el cuerpo así como nuestra habilidad para hacer un uso efectivo de la imaginería mental.

Se encontrará más sano y pensará con mayor claridad cuanto más libremente se pueda mover el Qi alrededor de su cuerpo. Qi se puede almacenar en el interior del cuerpo para usarlo posteriormente (más sobre esto, en otros capítulos). Qi se puede mover a través del cuerpo y, con experiencia, fuera del cuerpo. Puede transferirse a otra persona con el propósito de sanarle, o para intercambiar Qi. Los grandes Médicos Chinos lo usan en todo tipo de técnicas médicas. Los artistas marciales lo usan para aumentar su poder y su velocidad. También se le llama Chi en el caso del Chi-Gong, o Ki. Los caracteres chinos y japoneses no son alfabéticos, sino pictogramas, por lo que varía su nombre.

Shen

Shen es el aspecto espiritual de la energía. Es más volátil y más difícil de sentir. Está siempre presente, pero la persona media ni siquiera sabrá que está ahí. Es la energía usada en disciplinas internas espirituales como la oración y la meditación. Al desarrollar Shen, desarrollamos también nuestro Espíritu y elevamos nuestra conciencia. Para la persona media hay poca información disponible acerca de Shen. De hecho, un practicante solo se vuelve consciente de su existencia tras un entrenamiento prolongado.

Chakras

Seremos muy breves considerando la definición de los "chakras". El tópico de los chakras es un asunto demasiado amplio para cubrirlo en detalle en este libro, pero les daremos la información básica requerida para su utilización en las distintas técnicas que proponemos.

Los chakras son los centros energéticos principales que se encuentran en el cuerpo. Cada chakra tiene funciones primarias específicas que usted deberá conocer. Estas se describirán a lo largo de las técnicas que activan dichas funciones. Hay siete chakras mayores.

1- Chakra Base: Localizado en la base de la espina dorsal; se prolonga desde la base de la pelvis en la parte frontal del cuerpo al coxis, detrás de nuestro cuerpo. Por lo tanto, el chakra base cubre la base completamente la base del tronco.

2- Chakra del Ombligo: Localizado 2-3 cm bajo el ombligo.

3- Chakra del Plexo Solar: Localizado en el plexo solar, justo debajo del esternón.

4- Chakra del Corazón: Localizado en la mitad del esternón, a la altura del corazón.

5- Chakra de la Garganta: Localizado en la pequeña depresión entre los huesos de la base de la garganta.

6- Chakra del Tercer Ojo: Localizado entre las cejas.

7- Chakra de la Corona: Se encuentra en la parte alta de la cabeza, exactamente en el punto central de lo más alto de la cabeza, se extendiendo hacia abajo para rodearla, alrededor de la frente y la parte trasera del cráneo.

Otro chakra importante es el llamado la Puerta de Jade y se encuentra en la parte trasera de la cabeza, en el hueso que destaca en la parte trasera del cráneo.

Detrás del chakra del ombligo, en medio del cuerpo, en el interior del bajo vientre, existe un lugar que se llama "Dan-Tian" en la medicina china; nos referiremos a él en nuestras prácticas. Es en el Dan-Tian donde se reúne la energía del cuerpo y se almacena para un uso posterior.

No es necesario recordar todos estos chakras ahora mismo. Se irá proporcionando la información necesaria sobre ellos a lo largo del libro.

Técnicas

Según comience con el entrenamiento, le animamos a que se alimente bien y se ejercite regularmente para mantener su cuerpo en un buen estado de salud. Algunas de las técnicas que aprenderá le demandarán más que otras. Respete sus propios límites, aunque trate siempre de ir más allá, de forma segura. Como algunas de estas técnicas elevarán intensamente la temperatura corporal, le animamos a que beba gran cantidad de agua.

Es bueno experimentar con todas las técnicas al menos una vez, hasta que descubra cuáles prefiere. Una vez ha decidido qué técnica le funciona mejor, siéntase libre para dedicar más tiempo a las prácticas que prefiera. Siga su corazón y no dude de sí mismo. Debería al menos usar una práctica física, una práctica para el corazón, un práctica para la mente y una para el Espíritu. Los primeros resultados, sutiles, llegarán de prisa, luego pasará un período más largo de tiempo hasta que observe resultados tangibles. Durante este período de meseta, su cuerpo estará acumulando e incrementando su nivel de energía. No empiece su formación centrándose en los resultados finales que eventualmente pueda obtener; en vez de ello, disfrute los beneficios inmediatos que le van a proporcionar estos ejercicios. Antes que nada, busque el Amor. El poder asociado a estas prácticas llegará por sí solo. Si busca poder, le llevará mucho más tiempo que se manifiesten los efectos, y no serán tan impresionantes.

El Cuerpo Físico

Respiración

Respiración Normal e Inversa

Respiración Normal

La respiración normal es muy diferente de la respiración cíclica automática que le mantiene vivo cuando no está pensando en respirar. La razón es sencilla: nadie respira de forma correcta en realidad sin pensar en ello. La mayoría inspiran únicamente 11ml de oxígeno por minuto, muy por debajo del oxígeno mínimo que necesita el cuerpo para estar sano. Una Respiración Normal es una respiración sana.

Una inhalación debería llenar sus pulmones casi completamente sin tensionar su abdomen o diafragma. La respiración debería llenar su abdomen de forma natural, sin elevar la parte alta del torso. Un respiración profunda no debería hacer que las costillas superiores se movieran. Ponga su mano sobre el corazón, donde las costillas conectan con el esternón, entre el plexo solar y la garganta. Tome una respiración profunda y sienta si sus costillas se mueven. Si lo hacen, está llenando demasiado la parte superior de los pulmones y no entra suficiente aire en la parte inferior de los pulmones. A pesar que es imposible mantener la caja torácica totalmente inmóvil (no es éste el objetivo) debería moverse lo menos posible sin requerir demasiado esfuerzo.

Cuando exhale deje que su abdomen descanse hasta que el aire deje de salir de forma natural y luego empuje suavemente el abdomen hacia dentro sin fuerza. No vaciará completamente los pulmones. Si las costillas se mueven hacia dentro o hacia abajo demasiado, significa que tuvo que elevarlas cuando inhaló o que llenó la parte superior de los pulmones demasiado.

Inspirar
Abdomen a cabo
Pecho superior normal

Expirará
Abdomen normal
Pecho superior normal

Al respirar de forma normal, es el abdomen el que empuja hacia adentro y hacia fuera suavemente (con la inhalación y la exhalación). El ciclo respiratorio no requiere una fuerza excesiva, pero ha de ser capaz de llenar los pulmones hasta el 80% de su capacidad máxima. Llenar los pulmones al 100% de su capacidad requiere esfuerzo y no es natural. El hecho de exhalar con fuerza y empujando hacia adentro el abdomen suavemente al final de la respiración, vacía los pulmones a un 10% o 20% de su capacidad. De la misma manera que no es saludable llenar los pulmones al 100%, no es saludable tampoco vaciarlos completamente. Vaciar los pulmones totalmente requiere aplicar más fuerza que hacerlo de forma natural.

Para aprender esto por sí mismo, intente llenar sus pulmones completamente (sin hacerse daño), manteniendo la caja torácica lo más inmóvil posible. Mantenga el aire durante 10 segundos y exhale completamente, manteniendo la respiración durante otros 10 segundos. Deje que sus músculos se relajen y permita que su cuerpo respire sin influenciarlo, mientras piensa acerca de la diferencia entre estas dos maneras de respirar. Ahora, haga una Respiración Normal, llenando sus pulmones hasta el abdomen con un esfuerzo suave. Mantenga el aire dentro durante 3 segundos y luego, déjelo salir sin otro esfuerzo que un suave empuje del abdomen hacia dentro al final de la exhalación.

Esto es a lo que hace referencia una "Respiración Normal". La Respiración Normal se usará en todas las técnicas que enfocan en la elevación de uno mismo, como la meditación, la formación mental y espiritual. La Respiración Inversa se usa en el desarrollo físico, para abrir canales de energía en el cuerpo y aumentar la habilidad para manifestar el Qi en el plano físico.

Respiración Inversa

Para entender los principios de la Respiración Inversa de forma clara, ha de practicar primero la Respiración Normal cuidadosamente. Es importante mantener la caja torácica prácticamente sin movimiento mientras hace la Respiración Inversa. También debería entender los principios de Jin, Qi y Shen para que esta práctica sea efectiva.

El ciclo de la Respiración Inversa es usado para concentrar y comprimir el Qi de una manera que lo hace más denso, comprimiéndolo, para que se vuelva disponible en el plano físico. Se usa para producir Jin procedente de su Qi. Al compactar el Qi, sentirá calor. Esto es el Jin.

Para aclarar esto, olvide el método de la Respiración Normal por un momento y respire de forma instintiva. Imagínese en una situación donde esté muy alerta, a lo mejor incluso teniendo que defenderse, por lo que se prepara para una acción inmediata. Mientras cierra los puños, tome una respiración profunda y rápida, sin pensarlo... La mayoría de las personas notan que el abdomen se mete hacia dentro automáticamente al inhalar y empuja hacia fuera suavemente al exhalar. Experimente un poco con esta respiración.

Inspirar
Tirado en el abdomen Pecho
superior normal

Expirará
Abdomen a cabo
Pecho superior normal

Cuando estamos en peligro, el cuerpo hace automáticamente una Respiración Inversa, preparándose para poner energía en la acción física. La respiración rápida mencionada más arriba sólo fue un ejemplo. En la Respiración Inversa, la inhalación ha de ser tan suave como en la Respiración Normal, sólo que a la inversa.

Cuando trabajamos con métodos que se centran en la manifestación de fenómenos físicos haremos la Respiración

Inversa. La parte superior de la caja torácica sigue sin moverse y usted debería de respirar despacio y cómodamente. Al inhalar, contraiga el abdomen, empujando hacia dentro suavemente. Al exhalar, suelte los músculos abdominales completamente, empujando suavemente al final de la exhalación, sin forzar.

Método de Reunión del Qi Radial

Antes de hacer nada que utilice Qi, debe tener reservas suficientes de Qi con el que trabajar. Trabajar sin reservas de Qi reducirá su propia fuerza de vida, lo que debe ser evitado a toda costa. Reunir Qi es bastante sencillo y puede hacerlo en cualquier sitio y en cualquier momento, en tanto que no esté haciendo algo que requiera concentración. Por ejemplo, no lo haga cuando esté conduciendo. Cuando reúna Qi, usted y cualquiera alrededor suyo tenderá a perder su concentración. Por ejemplo, podrían llegar a estar más somnolientos, o más hiperactivos, o tener sensaciones extrañas en su cuerpo, especialmente si no están acostumbrados a sentir el Qi. Además, necesitará ser capaz de usar su concentración para las visualizaciones necesarias para reunir, almacenar y mover el Qi con éxito. La energía que visualiza es real y seguirá su concentración. Al visualizarla viajando con su respiración hacia el área bajo el ombligo, el Qi se moverá a su Dan-Tian. Cuando la visualiza comprimiéndola en el Dan-Tian, esto será lo que ocurrirá. Puede usar los dibujos como guía y encontrará útil pensar en la energía que está moviendo como una nube blanca que fluye como una corriente hacia donde usted la dirige con su mente.

Almacenando Qi en su Dan-Tian

Ponga las palmas de sus manos sobre el Dan-Tian, que está justo debajo de su ombligo (fig.1). Los hombres han de tener la palma izquierda en el interior, tocando el Dan-Tien, con la palma derecha sobre la izquierda. Las mujeres han de tener su palma derecha en el interior, con la palma izquierda sobre la derecha. Si está usted de pie, flexione las rodillas ligeramente. Si está sentado, procure mantener la espalda derecha y no cruce las piernas.

Fig. 1

Al inhalar, visualice una luz blanca a su alrededor, penetrando a través de todos los poros de su piel, fluyendo en el cuerpo y llenando el interior de su Dan-Tian. Recuerde que lo que visualice está ocurriendo actualmente. Al exhalar, toda esta energía blanca se concentra en una bola de luz en el interior del Dan-Tian, en el medio de su cuerpo, justo debajo del ombligo.

Reúna Qi respirando normal, profunda y calmadamente. Tome Qi de todo lo que le rodea y concéntrelo en el interior del Dan-Tian.

Reuniendo Activamente

Póngase de pie, haga unas Respiraciones Normales y relájese. Flexione las rodillas ligeramente y comience.

Cuando tome aire, imagine una luz blanca procedente de encima de la cabeza, como un viento blanco, descendiendo en un flujo contínuo hasta el Dan-Tian. Por favor, tome como referencia la figura 2. Puede usar esta figura como guía para sus visualizaciones. Al exhalar, la energía permanece en el bajo vientre y se convierte en una bola de luz. Tome nueve respiraciones relajadas, absorbiendo el Qi (la luz blanca) del área por encima de su cabeza. Se dará cuenta que ha tensado los músculos de su abdomen y de los brazos cuando lo intente por primera vez. Es un reflejo normal. Practique usando su

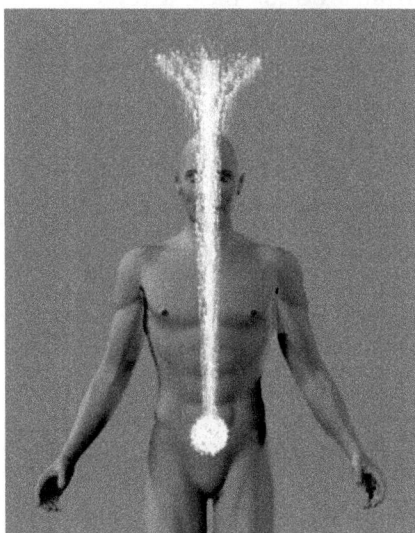

Fig. 2

voluntad para llevar la energía hacia abajo, mientras mantiene los músculos relajados.

En el siguiente ejercicio, llevará la energía a las dos manos, a través del tronco y hacia abajo, hacia el Dan-Tian. Inhalará y absorberá la energía a través de las dos manos simultáneamente. Para hacer esto, extienda sus brazos a los lados, con las palmas orientadas hacia fuera; absorba la energía a través del centro de las palmas, llevándola a través de los brazos, el tronco y hacia el Dan-Tian. Repita esta secuencia (inhale y lleve la energía abajo al Dan-Tian) nueve veces. Relaje su cuerpo y haga que esto sea un proceso con el menor esfuerzo posible.

Lo próximo que hará es repetir el proceso con sus dos pies, llevando la energía como el viento hacia arriba a través de las plantas de los pies, a través de las piernas, dirigiendo el flujo al Dan-Tian. Cuando tenga la energía centrada en el Dan-Tian, visualice la bola de energía blanca creciendo más y más fuerte con cada una de las nueve respiraciones.

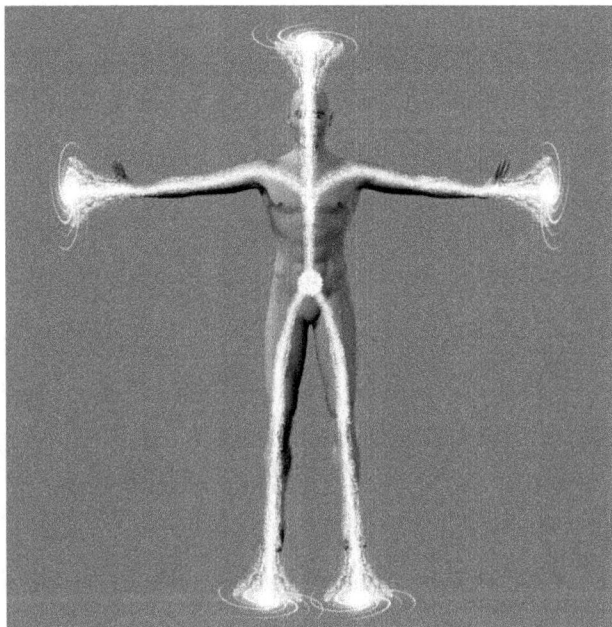

Fig. 3

Una vez tomadas las nueve respiraciones, que llevarán la energía hasta el Dan-Tian a través de cada uno de los 5 centros, (llenando el abdomen desde el área por encima de la cabeza y de ambas manos y pies), procederá a llevar la energía a través de los 5 centros a la misma vez, usando los cinco puntos de entrada simultáneamente y llenando su Dan-Tian con nueve respiraciones de energía. (fig.3)

Termine el ejercicio poniendo las palmas sobre el Dan-Tian y tomando unas Respiraciones Normales. Esto ayudará a almacenar la energía que ha reunido.

Sintiendo el Flujo del Qi

Mientras su cuerpo está tomando oxígeno y haciéndolo circular, además está haciendo circular de forma natural energía bioeléctrica. Esta energía es utilizada para manejar funciones corporales y sostener la vida. Cuanto más calmado y suave sea el flujo de esta energía, más sanos estamos y más claramente pensamos. Nuestras emociones están influenciadas por este flujo de energía bioeléctrica así como por nuestras hormonas.

De la misma manera que hemos aprendido a llevar la energía al Dan-Tian concentrándonos en nuestra respiración y visualizando la energía bioeléctrica siguiendo nuestra respiración al plexo solar, podemos también concentrarnos en nuestra respiración y dirigir la bioelectricidad de otras maneras. Por ejemplo, podemos hacer que esta energía fluya a través de nuestro cuerpo simplemente deseando que sea así. Cuando queremos levantar un brazo, no necesitamos saber como fluye la sangre en las venas y como la energía neural estimula el ADP de las fibras musculares para que se contraigan...todo lo que necesitamos es "desearlo" y el brazo se levanta. Un bebé puede levantar su brazo tan bien como un científico. Sólo tiene que desear hacerlo.

Para que esto ocurra de acuerdo con nuestros deseos, sólo tiene que imaginar dónde está la energía y dónde quiere que vaya, y el Qi se comportará de acuerdo a esto, siguiendo el movimiento de su imagen mental. Con tiempo y práctica, será capaz de sentir este movimiento del Qi como un viento fluyendo a través de su cuerpo. Algunas personas lo describen como una sensación de agua fluyendo desde la fuente del Qi adonde quiera que lo dirijan. El nombre tradicional del arte que causa este flujo del Qi de acuerdo a sus deseos, es Qi-Gong, que significa "la práctica del Qi".

La respiración va a aumentar el movimiento del Qi. Tan solo la visualización causa el flujo del Qi, aunque pero no lo suficiente como para hacer que su práctica sea realmente eficiente. Para hacer esta práctica realmente efectiva, debe respirar correctamente, visualizando mentalmente el flujo del Qi, luego debe desear que la energía bioeléctrica se mueva hacia un sitio específico.

Esto es parecido a querer mover su brazo; usted lo desea y ocurre, incluso cuando el resto del cuerpo permanece inmóvil. Es una acción aislada, que afecta tan solo a aquella parte que usted ha deseado mover. La respiración normal es esencial para el desarrollo de sus canales de energía y para usar el Qi en muchas de sus aplicaciones. Cuando toma aire, está llevando energía hacia el interior y cuando exhala, esa energía fluirá donde quiera dirigirla. Visualizaciones claras, respiración adecuada y un adecuado uso del deseo son cruciales para un movimiento efectivo del Qi.

Es importante que siga el proceso de formación básico explicado aquí, para que pueda formar su mente en la visualización de energía moviéndose de acuerdo con sus deseos. Le recomendamos firmemente que nunca imagine una energía caótica o desordenada moviéndose a través de su cuerpo, porque podría perturbar sus funciones corporales.

Es necesaria una aproximación paso a paso para desarrollar la habilidad mental de controlar el Qi en su cuerpo. Según vaya adquiriendo el conocimiento y las experiencias necesarias en el arte de dirigir este flujo de energía, será capaz de sentir el efecto de su formación y comprender las diferentes aplicaciones de Qi-Gong más rápida y completamente.

Técnica para Aprender a Sentir el Qi:

Una vez ha practicado el método de reunir Qi, su cuerpo tiene algo más de Qi que normalmente y esto hace que sea más fácil para usted sentirlo. Nunca haga ejercicios de Qi sin llenarse primero de Qi, de lo contrario podrá hacer uso de su fuerza de vida básica o de sus reservas bioeléctricas y esto puede conllevar efectos secundarios indeseables, como fatiga o enfermedad.

Tome unas respiraciones naturales. Ponga su palma derecha sobre su brazo izquierdo sin tocarlo, manteniendo al menos una distancia de 2-3cm. Usará ahora la técnica de Respiración Inversa. Al respirar y contraer el abdomen, llene su mano derecha con Qi, imaginando que su mano está llena de luz/viento blanco. Al exhalar, relaje el abdomen, visualice el Qi proyectado de su mano derecha a la superficie de su brazo izquierdo. Use su voluntad/deseo así como su imaginación para conseguir este efecto. Mueva su mano derecha sobre la superficie de la piel hasta que comience a notar una leve sensación proyectándose directamente de su mano derecha.

Qi puede desencadenar sensaciones de calor, frío, sensación de viento, cosquilleo o nada cuando esté intentándolo por primera vez. Tras tomar aire y usar su palma para proyectar el Qi, intente proyectar el Qi apuntando con sus dedos. Para hacer esto, mantenga su brazo derecho estirado y apunte con los dedos de su mano izquierda a su brazo derecho, moviendo su mano izquierda sobre los dedos de su brazo derecho y hacia el codo, luego muy despacio arriba y abajo mientras continúa con la Respiración Inversa y la visualización. Eventualmente, sentirá el flujo del Qi.

Qi-Gong

Circulación Menor y Mayor

Lo siguiente es un resumen limitado acerca de la Circulación Menor y Mayor. Existe una gran cantidad de conocimiento disponible acerca de este tema y le recomendamos que aprenda más acerca de ello tras aprender estas prácticas básicas.

Hay dos recorridos principales para el Qi, uno de ellos transcurre en el medio de la parte delantera de su cuerpo hacia abajo y el otro hacia arriba en el medio de su espalda. El canal en la parte frontal se llama Vaso Concepción y el canal en la espalda, a lo largo de la espina dorsal, se llama Vaso Gobernador.

Circulación Menor

Usaremos la Respiración Inversa para esta técnica, visualizando luz blanca fluyendo a través de sus vasos. La figura 4 le ayudará a comprender la trayectoria de esta visualización. Usando la respiración inversa, inhale mientras lleva a cabo los pasos 1 a 4, y luego exhale en el paso 5.

Tome unas Respiraciones Normales y relájese.

Inhale y visualice un Qi blanco proyectándose desde el interior del Dan-Tian. Mientras contrae el abdomen, visualice el Qi moviéndose hacia abajo siguiendo el recorrido del Vaso Concepción (1). El Qi sigue fluyendo suavemente bajo la ingle al contraer sus órganos sexuales y su perineo (2). El Qi fluye hacia el coxis y hacia arriba al contraer las nalgas. (3) Complete la inhalación mientras el Qi se mueve al interior de su espina dorsal al nivel del Dan-Tian (4). Al exhalar, dejando suelto el abdomen, el Qi se mueve de vuelta al Dan-Tian (5).

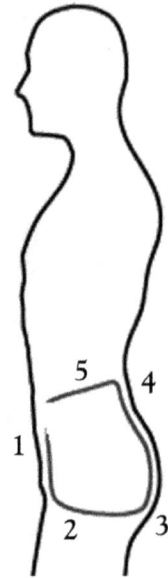

Fig. 4

Comience con algunas circulaciones menores e intente sentir el Qi fluyendo. Se recomienda hacer nueve vueltas completas de una vez, y luego relajar. Realice estos ejercicios despacio y cómodamente.

Circulación Mayor

Fig. 5

Usando la figura 5 como guía para la visualización, complete una inhalación mientras realiza los pasos 1 a 5. Exhale de forma natural, sin visualización. Tome unas Respiraciones Normales y relájese.

Al inhalar, contraiga su abdomen y visualice un Qi blanco procedente del interior del Dan-Tian y moviéndose siguiendo el recorrido del Vaso Concepción (1). El Qi se mantiene fluyendo hacia abajo y por debajo del tronco suavemente al contraer sus órganos sexuales y perineo (2). El Qi luego fluye hacia atrás hasta el coxis y hacia arriba a la espalda al contraer las nalgas (3). Manteniendo abdomen, perineo y nalgas contraídas, visualice el Qi fluyendo por la espina dorsal hasta la parte alta de la cabeza (4). Termine su inhalación cuando el Qi comience a desplazarse por la frente y la nariz hacia abajo (5). Al exhalar, suelte los músculos contraídos y el Qi se desplazará de forma natural a la parte frontal del cuerpo, a través del Vaso Concepción y de nuevo al punto número 1.

Realice 9 circulaciones consecutivas, luego relaje. Haga siempre estos ejercicios despacio y cómodamente.

Danza del Dragón

La Danza del Dragón tiene muchos beneficios positivos, desde sanar su cuerpo hasta elevar su nivel de energía. Es una oración corporal para que el Espíritu Divino fluya a través de su cuerpo. Activará la circulación, desarrollará equilibrio, estimulará el sistema endocrino, mejorará sus mecanismos defensivos biológicos, provocará regeneración y mucho más.

Como un efecto colateral, ayudará a su cuerpo a convertir grasa en energía útil. Además eleva un poco la temperatura del cuerpo contribuyendo a perder peso. Con la torsión de las caderas y el movimiento de los muslo, además remodelará su cuerpo y desarrollará flexibilidad.

Es probable que tenga que leer los siguientes párrafos varias veces para entender esta técnica lo suficiente para ponerla en práctica. Con las manos unidas, haga el movimiento en una "trayectoria de tres círculos" (figura 6), mientras balancea las caderas en dirección opuesta. Esto colocará su espina dorsal en una posición que recuerda una S (figura 7). Siga los números del 1 al 8 a lo largo del recorrido y memorice estos pasos. Los círculos cruzan su garganta, el plexo solar y el perineo, luego el plexo solar de nuevo y la garganta de nuevo, para completar la figura del ocho.

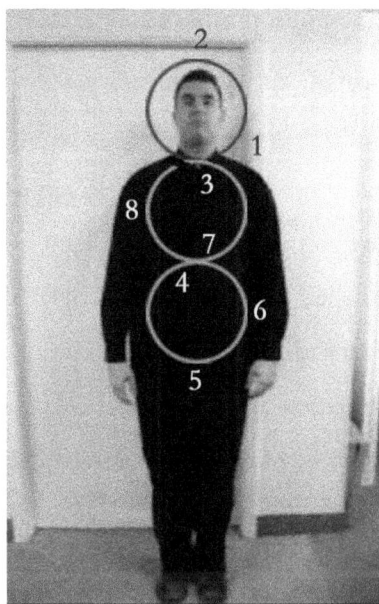

Fig. 6

Fig. 7

Cuando sus manos se encuentran en el medio de su cuerpo, sus caderas también están en el medio y usted mira hacia abajo ligeramente. Cuando sus manos están a la derecha, sus caderas están a la izquierda y usted mira hacia la izquierda. Cuando sus manos están a la izquierda, sus caderas están a la derecha y usted mira hacia la derecha. Al inclinarse hacia abajo, flexione las piernas también hasta que esté medio inclinado, con sus manos en el número 5 del recorrido que muestra la figura 6. El círculo superior del recorrido se completa mejor con las manos en frente de usted que encima de su cabeza.

La Danza se realiza en dos pasos. El primer paso es el movimiento activo del Dragón y el segundo paso es una serie contemplativa de respiraciones, sin movimientos. Le proporcionamos unas fotos para ayudarle a comprender y ejecutar la Danza. Vaya despacio al principio, acostumbrándose a cada movimiento antes de realizar la Danza completa en un movimiento sólo y fluido.

Haga la Danza del Dragón completa una vez, y respire normalmente durante 30 segundos, manteniendo las manos en frente de su Dan-Tian. Enfóquese en la felicidad y juventud. Mantenga su columna dorsal derecha y sonría un poco, aunque tenga que forzar la sonrisa. Las repeticiones de la Danza del Dragón se hacen en un minuto. Realice las repeticiones en múltiplos de tres. Hacer nueve repeticiones por la mañana, nueve a mediodía y nueve por la tarde, dará lugar a grandes cambios en su cuerpo físico y la energía de sus canales.

Una vez que se acostumbre a los movimientos, combine la respiración con la forma del Dragón. En todos aquellos movimientos en los que eleve las manos, inhale. Cuando baje las manos, exhale. Los efectos de la Danza aumentarán en gran medida.

Paso 1
Permanezca en paz.
Visualícese joven y feliz.

Paso 2
Palmas juntas, a la altura
del perineo.

Paso 3
Manos a la barbilla.

Paso 4
Manos hacia la izquierda,
caderas ligeramente a la derecha.

Paso 5
Manos hacia delante, caderas
hacia atrás cabeza inclinada
entre los brazos.

Paso 6
Manos a la derecha, caderas ligera
mente a la izquierda.

Paso 7
Manos a la derecha, apuntando
a la izquierda, comience
a inclinarse.

Paso 8
Manos pasan delante de la garganta,
luego a la izquierda, las caderas se
mueven a la derecha, la columna
en forma de S.

Paso 9
Manos pasan a la altura del
plexo solar, con la mano derecha
interior, mientras se Inclina
más abajo

Paso 10
Manos se mueven abajo a la
derecha caderas y rodillas a la
izquierda, más Inclinado.

Paso 11
Manos a la altura del perineo,
la izquierda Interior,
la derecha exterior

Paso 12
Manos se mueven a la izquierda,
incor porándose un poco.

Paso 13
Manos pasan a la altura del plexo
solar, moviéndose a la derecha,
las caderas hacia la izquierda.

Paso 14
Manos pasan por la garganta y se
mueven a la izquierda, caderas a la
derecha a la vez que se incorpora.

Paso 15
Manos por encima de la cabeza
y un poco hacia delante.
Permanezca erguido.

Paso 16
Sobre las puntas de los pies
levante los talones del suelo,
balancéese unos segundos.

Paso 17
Con los pies apoyados en el suelo,
forme un triángulo con los índices
y pulgares, bajando las manos.

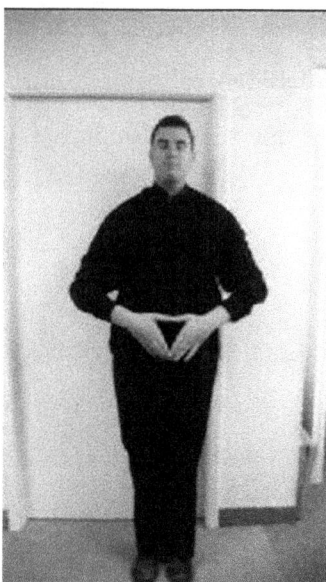

Paso 18
Mantenga las manos en forma de
triángulo a la altura del Dan tian.
Respire durante 30 segundos.

El Elixir de la Vida

La teoría y la práctica de las técnicas de Prolongación de la Vida son muy sencillas, pero lleva un tiempo obtener los resultados deseados. Entonces, tiene el resto de su vida para alcanzar sus objetivos, por lo que podrá disfrutar con la práctica de estas técnicas a la vez que prolonga su vida.

Respire Vida, en forma de luz blanca, a través de las palmas de las manos, a través de la planta de los pies y a través de la parte superior de la cabeza. Al inhalar, introduzca Qi a través de las 5 extremidades, dirigiéndola hacia su abdomen y concentrándola en el interior del Dan-Tian. Al exhalar, el aire es expulsado mientras que toda la energía permanece en el interior de su cuerpo, pero no debería realmente concentrarse en este aspecto de la técnica. Deja que su exhalación sea natural y relajada.

Una vez sea capaz de visualizar el Qi llegando a ser concentrado en una bola poderosa (6 pulgadas de ancho) en el interior del abdomen, relájese y visualice la bola incrementando su densidad. Imagine que se vuelve tangible, real. Se convertirá en una píldora de energía bioeléctrica, roja e intensa, que incluso se puede sentir físicamente, de lo concentrada que ha llegado a ser. Al pasar los fluidos corporales por su abdomen, la píldora roja de Vida liberará despacio su suero al torrente sanguíneo, que circulará por todo su cuerpo, llenándolo con la luz roja y clara de la Vida.

Visualice la píldora roja de Energía de Vida convirtiéndose en un centro concentrado de energía vital roja en el interior de su Dan-Tian.

Esta práctica es solamente una parte de lo que se puede hacer para prolongar su vida. La práctica de la oración, dar gracias al Espíritu, la recitación de mantras, o aquellas otrasprácticas, en las que usted crea, que muestren gratitud y conexión con su Creador, le beneficiarán también. Estas prácticas aumentarán su nivel de energía y permitirán una buena circulación de la energía a través del cuerpo. Para prolongar la vida, debe expandir además su conciencia. Las meditaciones en las que vacía su mente de todo, son altamente recomendables.

Acerca del Corazón

El Mantra de la Compasión

Antes de aprender acerca de las puertas de entrada hacia la fuerza, necesita desarrollar la actitud requerida para acceder y usar cualquier tipo de fuerza espiritual. La manera en que vea y defina su vida, también determinará la manera específica en que la energía poderosa de su Espíritu se manifestará a través suyo. Tener una percepción negativa de la vida, tendrá definitivamente consecuencias igualmente negativas en la manera en que la esencia de las energías espirituales se manifiestan a través suyo. Con una adecuada formación, usted puede manifestar únicamente los eventos llenos de felicidad y alegría que desee en su vida.

Le recomendamos comenzar su desarrollo espiritual interior, enfocando en el desarrollo de la compasión, que es una de las fuentes de energía más poderosas para la manifestación del Buda en su cuerpo y en su vida diaria.

Om Mani Padme Hum

El mantra (oración) Om Mani Padme Hum, pronunciado en alto o silenciosamente para uno mismo, invoca la atención poderosa y benevolente y las bendiciones de Chenrezig, la encarnación budista de la compasión. Se dice que la visión de la forma escrita del mantra tiene unos efectos potentes y actúa como un talismán.

ༀ་མ་ཎི་པདྨེ་ཧཱུྂ།

También se dice que todas las enseñanzas de Buddha están contenidas en este mantra: Om Mani Padme Hum, y que no puede realmente ser traducido en una simple frase.

Recítelo tan frecuentemente como quiera y desarrollará la compasión y atraerá la compasión.

Implicación

El concepto de evolución rápida y fácil es un tópico común es esta "Nueva Era". Muchas personas quieren desarrollar una tremenda fuerza asumiendo muy poca responsabilidad en las consecuencias del uso de dicha fuerza. Quieren invertir poco tiempo y energía y cosechar enormes recompensas. Usted puede evolucionar muy rápidamente, pero también es necesario que desarrolle la responsabilidad personal antes que obtenga las ganancias. No puede evitarlo.

Valor e Intercambio Justo

Es importante que demuestre su aprecio por el valor del conocimiento sagrado que está adquiriendo aquí. Debe aprender cómo cuidar este conocimiento y comprender que no debe ofrecerlo libremente a alguien que pueda destruirlo o mutilarlo. Es conocimiento oculto es demasiado importante para ser tratado como algo diferente a su más preciada posesión. Debe mantenerlo para sí mismo, y revelarlo sólo cuando el buscador ha mostrado señales de comprensión y respeto. Existe un coste espiritual en la revelación de secretos ocultistas de gran valor a alguien antes de haber mostrado el debido respeto. Cuando un monje quería aprender algo de su Maestro, debía trabajar duro durante todo el día y traer algo de comida consigo (para ofrecer al Maestro). Entonces el Maestro podía ver que existía un equilibrio en el intercambio y revelaba algún conocimiento esotérico al buscador. No debe existir ningún abuso en este intercambio. Ha de ser justo y equilibrado.

No debe destruir su vida para adquirir conocimiento oculto, pero seguramente no adquirirá ningún conocimiento de gran valor sin algún tipo de esfuerzo y sacrificio.

Desarrollará una gran fuerza únicamente cuando sienta que valora y cuida este conocimiento sagrado y cuando se comporte de una manera que proteja este conocimiento. Esto lo llamamos un actitud del "Sentido de lo Sagrado". Este "Sentido de lo Sagrado" es un prerrequisito necesario para la obtención de una gran fuerzaa en cualquier sistema oculto.

Tiempo y Fuerza de Voluntad

No desarrollará ninguna fuerza psíquica intentando un método una vez durante cinco minutos. Ni siquiera obtendrá intentando una técnica durante una hora y luego abandonándola por la falta de resultados.

Para desarrollar fuerza, debe practicar un mínimo de cinco minutos al día; todos los días de la semana. Una vez a la semana, debe practicar al menos durante una hora completa. Haga algo a diario, incluso un saludo sencillo a su altar, pero hágalo.

Para evolucionar más rápidamente, debe practicar los ejercicios veinte minutos al día, cada día. Todos aquellos que actuaron con determinación para progresar en su propio camino espiritual han obtenido alguna transformación y elevación con este esfuerzo consistente. Si no ocurre nada en el interior, puede que no esté actuando con una actitud sagrada, con respeto por el valor del conocimiento que usted desea. No obstante, debe darse tiempo para que los resultados se manifiesten.

Algunos estudiantes intransigentes, muy dedicados a obtener resultados, han usado estas técnicas durante treinta minutos cada día. Tras sólo unos meses, estos estudiantes devotos estaban sintiendo flujos de energía intensos, obteniendo resultados en sus vidas personales y siendo conscientes de patrones en su comportamiento que no habían observado antes. Además de estas prácticas, la mayoría de estos estudiantes estudiaban el conocimiento, mantenían una actitud sagrada y se ocupaban de sus cuerpos.

Reúna su determinación y luego, hágalo. Si sólo practica cinco minutos al día, todos los días, obtendrá resultados.

Karma y Dharma

No vamos a escribir un ensayo extenso acerca del Karma y el Dharma aquí, dado que existe mucha documentación disponible sobre estos aspectos en otros sitios. En vez de una larga diatriba, resumiremos los conceptos principales y les daremos un ejercicio diario para practicar de cara a su propio crecimiento personal.

El Karma es el resultado o consecuencia de sus actos pasados. Se obtiene de la vida lo que se pone en ella; en otoño se recoge del campo lo que se ha sembrado como semillas en primavera; se recibe ojo por ojo. Cualquier acción tiene una reacción en el Universo, y esa reacción rebotará de vuelta (como justicia kármica). Para percibir su vida en un nivel espiritual, debe comenzar a comprender que cualquiera que haya sido su acción, incluso aquellas en una vida pasada, se reproducirá en su vida de hoy en forma de una lección que puede incluir sufrimiento. Estas lecciones tienen lugar para dar lugar a una mayor conciencia de la necesidad de compasión en sus relaciones. El Karma es una herramienta para enseñarle que las lecciones de vida le ayudarán a evolucionar de una forma efectiva. El sufrimiento no es necesario en la vida, pero debemos aceptarlo cuando ocurre, porque está designado a ayudarnos a evolucionar. A la vez que debemos aceptar cuales sean los retos que se nos presentan, debemos aprender a liberarnos del Karma negativo.

El Dharma también es una herramienta de aprendizaje y evolución personal. Asumiendo que usted no robó, asesinó o mintió en otra vida, su Yo Superior puede decidir experimentar un poco, a lo mejor para entender mejor la vida desde el punto de vista humano. Para facilitar esta comprensión, su Yo Superior puede crear retos y eventos en su vida para que el aprendizaje deseado tenga lugar. Suele existir mucho menos sufrimiento en las lecciones del Dharma que en las lecciones del Karma; a veces incluso no hay ninguno.

Incluso si está buscando evolución personal, puede haber sufrido algún tipo de reto o injusticia que le resulta difícil de soportar. Cuando se da el caso, querrá llamar a la Gran Justicia del Universo para que se manifieste en su vida y en las vidas de los que están a su alrededor. No estamos hablando de invocar la justicia humana sencillamente, sino nos referimos a la Justicia Divina que coloca las experiencias en su sitio para que nuestro Karma se resuelva, para liberar el alma de su carga. Si usted cree que ha sufrido una injusticia de manos de otro, puede invocar a la Gran Justicia para que coloque las cosas adecuadamente. Luego, la Gran Justicia causará eventos que forzarán a su agresor a tener una lección, para ayudarle a aliviar su alma de su carga kármica.

Desde fuera, el "objetivo" puede parecer que sufre, y los eventos que aparecen llevan a la corrección de la situación para que usted reciba la justicia que siente le fue negada. Puede incluso arruinar la vida de él/ella. En realidad, estos eventos se colocan de una forma designada para aliviar a ambos del Karma que probablemente los vincula, y esta corrección puede incluso arruinar su propia vida. Si el agresor tiene la razón y es usted el que está equivocado, entonces prepárese a experimentar una lección todavía menos placentera, mientras que la cara sonriente de su inocente compañero se burla de usted.

Un nivel alto de compasión y perdón también transmutará su Karma liberándolo sin que tenga que afrontar estas experiencias difíciles. El desarrollo de una actitud de amorosa compasión elevará su Karma hasta que el amor lo disuelva completamente, disipando la necesidad de lecciones desagradables de su vida. La compasión puede evitar que ocurran lecciones dolorosas, incluso evitar que las lecciones sean recibidas. Quizás, en esa situación, la lección no era necesaria para evolucionar y las situaciones que está experimentando pueden ser una carga extra de Karma pasado, de un tiempo en el que era menos virtuoso de lo que es ahora.

La clave es encontrar un equilibrio entre aceptar las lecciones de vida por un lado, y perdonar y desarrollar compasión como una herramienta para aliviar el dolor de su existencia por el otro. La práctica de la compasión consiste en identificar las lecciones de vida tomando una perspectiva diferente a su punto de vista normal; como si fuera un Espíritu volando por encima del ser humano. Cuando mira hacia abajo a los problemas que tiene en la vida y las personas con las que tiene problemas, ha de trabajar activamente sobre el perdón de aquellos con los que está enfadado, a la vez que busca comprensión de la lección en sí misma, y del significado en su vida. Respire profundamente y no tenga miedo de experimentar las emociones de su pasado. Repita su vida en su mente y pídale al Espíritu que le guíe en los pasos de sus lecciones kármicas y en su Dharma.

Con el tiempo, aprenderá cómo invocar a la Gran Justicia para que se manifieste, sin repercusiones negativas, pero no realice esta técnica hasta que se sienta cómodo de corazón, si no ha desarrollado suficiente compasión primero y la habilidad de ver su vida desde una perspectiva más elevada, dado que traerá viejos recuerdos y puede manifestar situaciones que le causarán sufrimiento.

Lecciones de la Mente

Meditación

El Dragón Verde y la Puerta Blanca

La meditación se basa en la respiración y la visualización. La respiración es profunda y suave. Siéntese con las piernas cruzadas sobre un cojín (o sobre una silla si no puede cruzar las piernas). No apoye su espalda en ninguna superficie. Practique usando los músculos del estómago para mantener su columna vertebral estirada, sin demasiado esfuerzo. Al comenzar con la respiración profunda y manteniendo esta posición, usará también el Pran Mudra (posición de las manos), explicado en la sección de los mudras básicos. Familiarícese con ello antes de comenzar con la práctica de meditación, por favor. (Pran es un mudra, Prana es una forma de energía).

Visualícese tomando energía verde procedente de la tierra. Respire a la vez que visualice la energía verde esmeralda ascendiendo de la tierra, entrando por su chakra base y piernas, llenando su cuerpo completamente con una luz verde, todo el recorrido hasta su cabeza.

Visualice la luz verde rodeándole, invadiéndole desde el interior del cuerpo y extendiéndose al área que le rodea. Visualícelo durante unos minutos.

Ahora, vacíe su mente. Olvide la luz verde; tan solo deje que la luz haga su trabajo. Comience a visualizar una luz blanca procedente de los Cielos, penetrando por la parte alta de la cabeza hasta que llene por completo su cuerpo. Visualice esto durante unos minutos. Hay un lugar llamado la "puerta del Prana", situado en el puente de su nariz, entre los ojos. Es el interior del área nasal donde inicialmente usted siente el aire fluyendo hacia dentro al inhalar, en el área donde la nariz se une al puente de las cejas. Concéntrese en la puerta del Prana. Respire y sienta el aire moviéndose hacia delante y hacia atrás lentamente en esta área de la nariz. Contemple su cuerpo lleno de luz blanca y concéntrese contínuamente en la puerta del Prana. El Prana penetra desde este lugar de su nariz. Es la Fuerza Universal de vida, una forma de energía latente en el aire a su alrededor. El Prana penetra en su cuerpo al inhalar, pero no lo abandona al exhalar. Su cuerpo retiene esta fuerza de vida y la hace circular libremente en su interior. Cuando exhala, elimina el aire sobrante. Visualice la luz blanca brillando más intensamente en el puente de su nariz mientras la luz blanca/Prana/fuerza de vida está circulando a través de su cuerpo. Continúe con esta técnica durante cinco minutos.

Vacíe su mente, relájese y permanezca en paz.

El Prana da vida

Dentro de los términos científicos reconocemos que el Prana es actualmente el conjunto de partículas de energía subatómicas que están disponibles de forma libre en el aire que nos rodea. En la medida que se llene de esta Fuerza de Vida, se sorprenderá de cuánta energía y vitalidad llegará a tener. Con práctica, puede prolongar el período de respiración en la luz blanca durante diez minutos y luego a veinte minutos.

Manos de Dios

Mudras básicos de las manos

Un "mudra" es un gesto de las manos, así como un "mantra" es un sonido y un "mandala" es una imagen o un sonido. Un mudra es una posición particular de las manos que conecta los canales de energía en sus dedos de una determinada manera, de forma que produce un efecto preciso y beneficioso. La acción de tocarse las puntas de los dedos entre sí activa la transmisión de energía, que en conjunto con el flujo normal de energía a través de los dedos estirados, produce unos efectos específicos en los cuerpos físico y energético.

Algunos de los mudras están designados a estimular los efectos beneficiosos sobre el cuerpo físico, mientras que otros afectan al cuerpo espiritual. Los efectos de los mudras que afectan al cuerpo físico oscilan entre reconstruir los huesos y cartílagos, sanar sus riñones, clarificar la mente, ayudarle a levantarse más temprano por la mañana; los efectos de los mudras espirituales tienen un rango más amplio de efectos que aumentan sus habilidades psíquicas, ayudan a perdonar, reducen la ira, aumentan su nivel de energía, etc. De hecho, hay cientos de mudras diferentes. De todos ellos, se pueden crear los efectos que se deseen, sin embargo se recomienda aprenderlos de uno en uno.

Pran Mudra

Este mudra estimula el chakra base, los canales de energía en las piernas y los chakras menores en las plantas de los pies. Se llama el "Mudra de la Vida". Eleva los niveles de energía, reduce la fatiga y aclara la vista. Aumentará la determinación y la autoconfianza. Se usa conjuntamente en los tratamientos de problemas oculares.

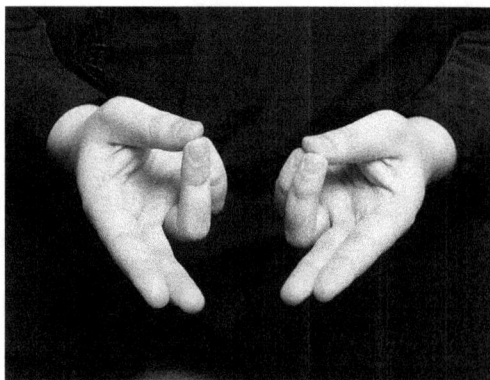

Estire los índices y dedos medios; una el pulgar con las puntas de los dedos anular y meñique formando un círculo. Haga Respiraciones Normales lentas y profundas. Concéntrese en su chakra base y en las plantas de los pies. Para empezar: tras un minuto de Respiraciones Normales, comience la Respiración Inversa y continúe durante varios ciclos. Al tomar aire, contraiga el abdomen, órganos sexuales, perineo y nalgas. Mantenga la respiración durante cinco segundos y luego relaje todo excepto el mudra. Respire con normalidad de nuevo y repita el ciclo durante cinco minutos.

Mudra del Conocimiento

Este mudra estimula la habilidad para aprender y enseñar. Es el mudra del conocimiento. Su uso facilita a los dos hemisferios cerebrales la formación de nuevas conexiones entre neuronas (la formación de nuevas conexiones es la base para la inspiración y la agregación de nuevo conocimiento). Estas conexiones neuronales le habilitan para comunicar información con mayor facilidad y efectividad. Además, el Mudra del Conocimiento es útil para adquirir conocimiento del Cielo, para aprender de forma subconsciente y para permitir al Yo Superior

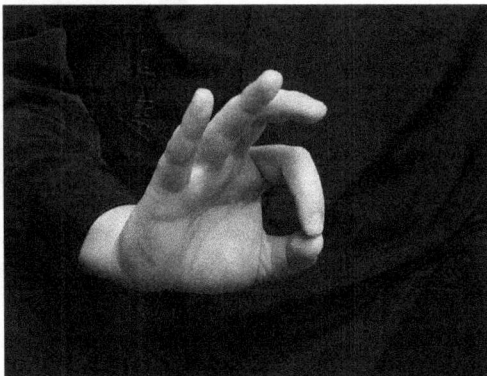

guiarle. Observará que muchas estatuas de dioses budistas se muestran usando este mudra.

El Mudra del Conocimiento se realiza con las palmas orientadas hacia delante y los dedos apuntando hacia arriba. Una las puntas de los dedos pulgar e índice, formando una curva suave. Respire de forma normal, enfocándose en el área de conexión de la punta de los dedos. Vacíe su mente y permanezca en paz.

Mudra de Sanación

El Mudra de Sanación lo usa frecuentemente el Buddha llamado Sanga Mela. Sanga Mela trajo la ciencia de la sanación a los budistas. Ayudará a su cuerpo a crear un ambiente apropiado para la sanación, de forma que las soluciones médicas y alternativas que emplee, tengan una opción mejor para funcionar. No significa que sea un sustituto de tratamientos médicos, sino que apoya estas terapias.

La posición de las manos en el Mudra de Sanación es la misma que el de Conocimiento, pero los dedos apuntan hacia abajo. Siéntese con las piernas cruzadas, con la mano izquierda descansando en el lugar donde se cruzan las piernas, con la palma hacia arriba en frente del Dan-Tian, mientras que la muñeca derecha descansa sobre la rodilla derecha, con la forma del mudra. Respire profunda y lentamente y medite.

Mudra que Abre la Puerta

Este mudra se usa con frecuencia en aquellas ceremonias que abren las Puertas del Templo. Es el mudra que mejora la escucha y la comunicación. Tratará cualquier trastorno de garganta y ayudará en el desarrollo de habilidades de comunicación a nivel físico y espiritual.

La foto superior muestra como colocar sus manos al realizar el mudra y la foto inferior muestra más claramente como se envuelve el pulgar izquierdo en los dedos de la mano derecha. El pulgar derecho toca el dedo medio izquierdo, observe la forma de concha que adoptan las manos. Respire, relájese y sienta la energía fluyendo a

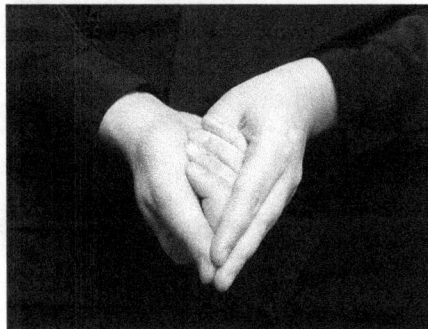

través de sus manos y su garganta. Use el mantra "OM" suavemente para aumentar los efectos de este ejercicio.

Mudras de Alimentación, Aire y Energía

Los Mudras de Alimentación, Aire y Energía se utilizan para mejorar la asimilación de la comida y combustibles que consume. Cuando la tensión de la asimilación de la comida que ingiere se reduce, su salud mejorará de forma natural. Además, sus niveles de energía se elevarán. Este mudra está designado para ayudarle a procesar la comida, a absorber los nutrientes de dicha comida, y a eliminar los productos de desecho más eficientemente. El Mudra de Alimentación, Aire y Energía ofrece todos estos beneficios y le ayudará a resolver problemas digestivos.

Mudra de Asimilación

Con la mano izquierda, una los dedos pulgar, medio y anular. Esto dirigirá la circulación de la energía con el proceso de asimilación/eliminación de todos sus cuerpos (físico y espiritual). Con la mano derecha, una loe dedos pulgar, índice y medio, lo que aumentará el proceso de asimilación a todos los

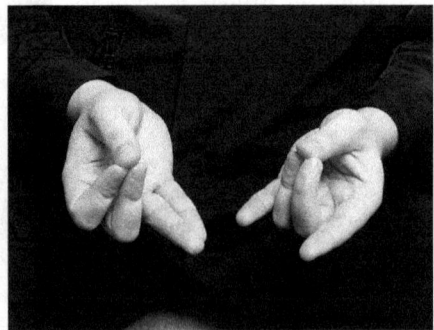

niveles. Respire de dos a cinco minutos, manteniendo las manos en esta posición. Relájese y vacíe su mente.

Mudra de Eliminación

Mantenga su mano izquierda en la misma posición que el mudra anterior, manteniéndose en contacto con el flujo de energía del proceso de asimilación establecido previamente. Sólo es necesario cambiar la posición de su mano derecha, uniendo los dedos pulgar, anular y meñique, y manteniendo el índice y medio estirados. Este mudra aumentará su habilidad para eliminar productos de desecho y toxinas, ayudará a sanar trastornos digestivos y es especialmente beneficioso para desequilibrios intestinales. Respire durante unos minutos con las manos en esta posición. Concéntrese en el flujo de energía, relajando la mente y el cuerpo completamente.

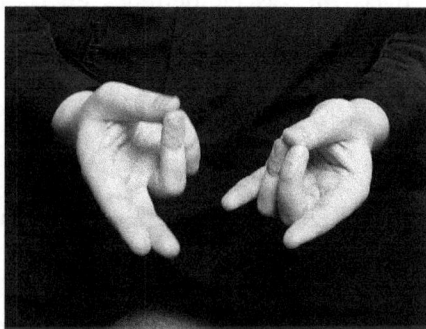

Mudras Elementales

Los Mudras Elementales son un buen camino para introducirse en las fuerzas elementales en las que todo en la naturaleza está comprendido. Cada uno de estos mudras estimula al cuerpo energético para canalizar los cinco tipos de energía primaria: Espíritu (Vacío), tierra, aire, fuego y agua. Cuando se canalizan estas fuerzas elementales adecuadamente, uno mismo puede sanarse de manera más efectiva y puede aprender a dirigir estas fuerzas para manifestar sus deseos. Estos mudras deben ser utilizados antes de cualquier tipo de ejercicio que haga uso de los Elementos primarios. También pueden ser utilizados aisladamente, por los beneficios que conllevan al reconectar con las fuerzas elementales y primarias del universo.

Cada dedo de la mano está asociado con uno de los elementos.

El pulgar está asociado con el elemento más abstracto, que es el Vacío o el Espíritu. El Vacío no es una forma de la nada; sino un Elemento Primario absolutamente infinito que no puede ser definido en términos humanos normales. Por lo tanto, se percibe como un Vacío, desde nuestra limitada perspectiva humana. El uso del mudra del Vacío es un buen camino para obtener paz en la mente y creatividad. El Vacío conecta con el mundo espiritual y trae su luz y sabiduría a su vida. El Vacío también le ayudará a obtener ese estado de "no-mente" para el que no hay una explicación sencilla: en este sentido es la experiencia la que sirve de guía.

El dedo índice se asocia con el elemento Aire. El Aire es veloz y nos comunica con el conocimiento a través de sus corrientes de flujo. El elemento Aire aumenta la fluidez mental y la inteligencia general.

El dedo medio se asocia con el elemento Fuego. El Fuego es un elemento poderoso, con propiedades penetrantes y de transmutación. El elemento Fuego aumenta la fuerza y el valor.

El dedo anular se asocia con el elemento Agua. El Agua se asocia con las características de la emoción, movimiento y sensibilidad. El elemento Agua también nos ayuda a desarrollar flexibilidad y buena circulación.

El dedo meñique se asocia con el elemento Tierra. El elemento Tierra trae estabilidad y fuerza. Su naturaleza es actuar de base, estable y sólido al contacto. Por ello, aumenta estas características en usted.

Cada uno de estos mudras, usa de forma natural todos los dedos. Sin embargo, la forma de la mano en cada mudra, se usa para enfatizar sobre el elemento asociado al dedo. También conectan con los canales de energía (meridianos) de forma que dan lugar a los efectos deseados. Observe que los chakras no corresponden necesariamente al elemento asociado en cada técnica, pero sí lo hacen en ésta en particular. Los conceptos expuestos en este ejercicio deben ser contemplados durante la práctica. Realice el mudra y al respirar, visualice los colores y enfoque su atención sobre el chakra correspondiente.

Chi – Tierra

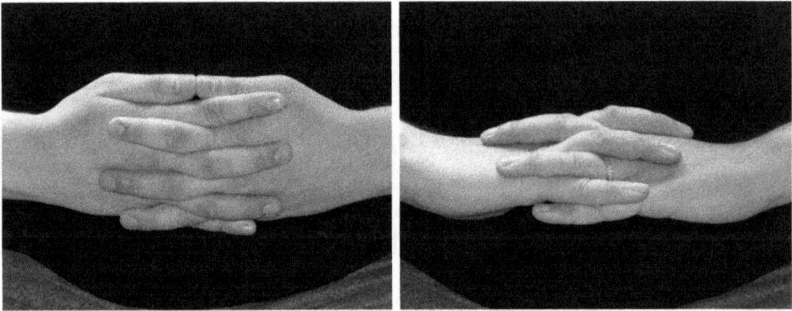

Ponga sus manos tal y como se muestra en la foto, con sus dedos entrecruzados y las puntas de los pulgares tocándose. Esto representa el centro gravitacional bajo y la estabilidad del Elemento Tierra. La foto de la izquierda muestra la mejor manera de hacerlo, con las palmas orientadas hacia abajo. La foto de la derecha muestra la posición adecuada de los dedos, con los pulgares tocándose.

Al realizar el mudra, centre su atención en el chakra base, que está en la base de su columna vertebral. Siéntase como un todo con todo aquello que es sólido. Sienta cómo forma parte de la tierra debajo suyo. Imagine su cuerpo como una roca inflexible. Sea consciente de su cuerpo físico, de su solidez y de su realidad. Visualice colores marrón y aguamarina (verde pálido). Respire algo más rápidamente que lo normal. Recite el mantra "Chi" unas veces, alto o mentalmente. Sienta la emoción de la estabilidad duradera.

SUI – Agua

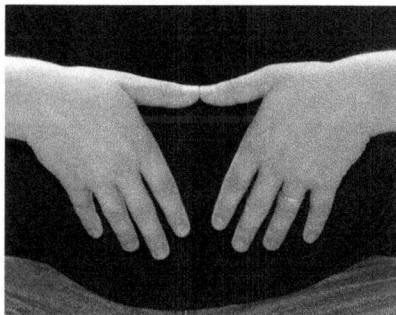

Coloque sus manos como en la foto, con todos los dedos colgando en frente del vientre, representando agua fluyendo de forma libre.

Concéntrese en el bajo vientre donde puede que sienta la energía gorgoteando como agua en su Dan-Tian. Concéntrese en el chakra del ombligo. Comience a sentir como fluye con la naturaleza. Permita que su cuerpo se mueva un poco. El agua es el elemento de la emoción, de la fluidez, de la flexibilidad. Visualice todo bañado en un color azul. Respire normalmente y repita el mantra "SUI".

KA – Fuego

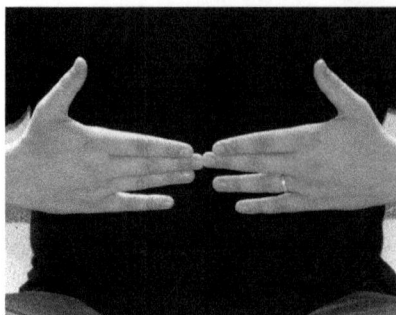

Ponga en contacto las puntas de los dedos medios. Los pulgares apuntan hacia arriba, representando la fuerza del Fuego elevándose. Comience el mudra con las manos en frente del plexo solar y, después de un rato, elévelas suavemente hasta situarlas en frente del área del corazón.

Debería comenzar enfocando su atención en el plexo solar, luego en el chakra del corazón. Puede que sienta cómodamente su cuerpo como en una marea ascendente de calor. Visualice todo a su alrededor del color rojo de las llamas, con corrientes verdes fluyendo en el interior. Ponga su atención en el concepto de la valentía. Con sus manos a la altura del plexo solar, respire un poco más rápidamente que lo normal y recite el mantra "KA". Al elevar las manos hasta el chakra del corazón, haga más lenta su respiración e interiorícese; recite suavemente el mantra (KA).

Tener valor no tiene nada que ver con vivir sin miedo; la valentía es actuar sin prestar atención a sus miedos.

Cuando está enfadado, haga el mudra KA para atemperar su enfado y desarrollar más compasión. Las energías pacíficas de este mudra le ayudarán a moderar y a aliviar sus tensiones. Mantenga el mudra algo más de tiempo en frente del chakra corazón.

FU – Viento

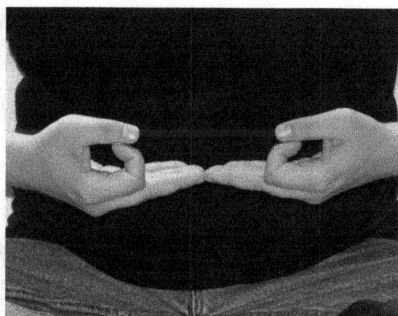

Coloque sus índices tocando sus pulgares, formando dos pequeños círculos. Los dedos medios se tocan entre sí y los demás dedos permanecen extendidos. Ponga sus manos (en la posición del mudra) en frente suya, en cualquier sitio en el que se sienta cómodo. El circuito completo de energía se forma con sus brazos, con el chakra de la garganta en el extremo superior del circuito y el mudra en el extremo inferior.

Ponga su atención en el chakra de la garganta. Siéntase libre, sutil, intocable. Nada puede pararle y nada puede incapacitarle. Debe visualizar su alrededor con una energía amarilla brillante y radiante, con ondas púrpuras y nubes suaves rodeándole. Deje que su mente conecte a la fuente de todo conocimiento. No sentirá ningún efecto realmente hasta que pase un determinado tiempo de práctica, pero entrenará su mente en la contemplación de estos conceptos. Permita que la paz fluya a través de su Ser. Respire normalmente y recite el mantra "FU".

KU – Vacío

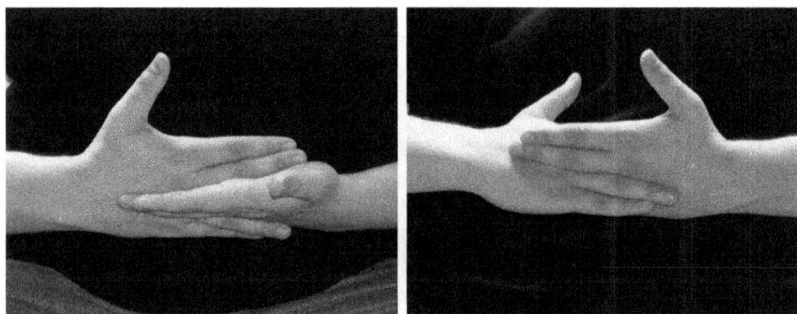

La palma izquierda se mantiene orientada hacia arriba y la mano derecha se gira de tal forma que la palma queda orientada hacia usted. Los pulgares quedan extendidos. Deslice sus manos conjuntamente, de forma entrelazada, con dos dedos en cada lado de la intersección. La foto de la izquierda muestra la forma adecuada de realizar el mudra, con las palmas orientadas hacia arriba y hacia usted. La foto de la derecha muestra las manos ligeramente rotadas para enseñarle cómo se entrelazan las manos.

La mano izquierda toma energía de arriba y la derecha da energía al cuerpo. Este mudra permite que estas energías se entrelacen para poder confluir.

Su atención debe estar en el Tercer Ojo y en el Chakra de la Corona. Visualícese a si mismo en el centro del Vacío, en el mismo centro. Obsérvese en todas las cosas y visualice el Todo existiendo como una parte de usted mismo. Con este pensamiento, todo lo externo e interno, forman un todo con usted. Respire lo más lentamente que pueda, sin tensión. Recite el mantra "KU", una o varias veces, luego vacíe su mente. Tras cada inhalación, y tras cada exhalación, mantenga su respiración durante unos segundos.

La experimentación del Vacío es una parte esencial de la práctica de los Mudras Elementales. El vacío conecta los otros cuatro elementos con el Universo. Contemple esta verdad: "Yo soy todo y nada. Yo estoy en todas partes y en ninguna parte. Yo soy uno con el universo. YO SOY".

Kuji Goshin Ho

Independientemente de cuál sea la técnica, es siempre más recomendable recibir una iniciación sagrada de forma personal de un Maestro competente, que sencillamente leer la técnica del libro. No obstante, en ausencia de un Maestro competente, un buen libro escrito, puede ofrecerle el único recurso disponible para recibir cualquier tipo de iniciación. Las técnicas presentadas en este libro no son equivalente (no pueden tomar el lugar) al tipo de maestría de las técnicas conseguidas tras años de formación con un Maestro. De cualquier forma, este libro es un buen comienzo si desea sinceramente ascender los peldaños del descubrimiento espiritual. El proceso de aprendizaje de estas técnicas puede ayudarle de forma eficiente a escalar esos peldaños con solamente una práctica diaria durante unas semanas, pero no piense que ha encontrado la verdad hasta que no alcance la iluminación.

Si quiere tener la posibilidad de obtener los resultados que desea, debe desarrollar una actitud de respeto y reverencia por la naturaleza sagrada del mundo divino. Esta actitud reverente debe ser su prioridad al comenzar a estudiar, aprender y practicar las técnicas de Kuji-In, el primer paso en el aprendizaje de este libro. Si quiere resultados reales, debe comenzar en un contexto adecuado. Organice su entorno de forma que sea tranquilo.

Asegúrese que no le interrumpen durante su práctica o sesión por ninguna razón. (Por ejemplo, desenchufe el teléfono, asegúrese que no haya visitas, y que nada le interrumpa). Asegúrese que el entorno es inviolable. Un espacio sagrado requiere quietud. No podrá tener éxito si es molestado o si su mundo exterior es un caos. Este es su espacio consagrado; el espacio donde conecta con su propia Luz Divina o con el Yo Superior. Trátelo como un terreno sagrado. Ni siquiera ponga música de fondo a no ser que sea necesario amortiguar el ruido del exterior.

"Kuji Goshin Ho" es la expresión que usamos para referirnos a los aspectos que protegen esta práctica sagrada. De hecho, estas prácticas y técnicas son los peldaños de la escalera que está usted subiendo. Con cada paso hacia arriba, añadirá un nivel de protección a su vida diaria. No tiene que pensar conscientemente en aumentar los niveles de protección, ocurrirá automáticamente al realizar estas técnicas. Al desarrollarse su sistema energético corporal, tendrán lugar situaciones no planeadas, así de poderosa es la influencia sobre su entorno más inmediato. Las técnicas de Kuji-In cambiarán su vida. Si practica mucho, el efecto será drástico y puede causar manifestaciones de enfermedades sin importancia y temporales. Cuídese; debe actuar de forma responsable con sus habilidades recientemente adquiridas.

¡Atención! Si usa Kuji-In para hacer daño a alguien, incluso si se lo merecen, no importará cuál sea la emoción que dirige sus intenciones (enfado,odio , celos, avaricia,…), si fuerza su práctica de Kuji-In mientras abriga este tipo de intenciones y emociones, el resultado será una resolución extremadamente rápida de la carga kármica relacionada con la situación en cuestión. Esto significa que puede convertir su propia vida en un auténtico infierno. Esto son consecuencias inevitables si se pide al Espíritu que castigue a alguien, o si se pide más dinero sin trabajar incluso, o si se pide manipular a alguien para que se enamore de usted. Usted es totalmente responsable de las consecuencias de lo que experimente. Tendrá todas las herramientas necesarias para convertir su vida en lo que quiera. No existe nunca la necesidad de actuar desde emociones manipuladoras o negativas. Por lo tanto, en cualquier situación, actúe de forma virtuosa.

La práctica de Kuji-In tal y como se presenta aquí, apoya y amplifica cualquier otra acción que tome en su vida. Sus poderes psíquicos se desarrollarán y obtendrá una percepción más amplia del mundo. Al practicar estas técnicas, concéntrese en hacerlas por el placer de aprenderlas, sin otro motivo que descubrir su verdadero yo y elevar su conciencia. Una vez completado un período de práctica, puede usar otras técnicas variadas conjuntamente con estas técnicas para aumentar drásticamente su eficiencia.

Técnicas de Kuji-In

La traducción japonesa de Kuji-In es "Nueve Sílabas". El número nueve es el número que simboliza la terminación en el sistema budista. Sus manos son su herramienta primaria en estas prácticas y cada mudra se combina con un mantra/sonido, mandala/visualización y ejercicio de respiración específicos, que completan la técnica. Por lo tanto, cada set se compone de un mudra/mantra/visualización y se aludirá a ello como un Set. La técnica de Kuji-In se compone de nueve SETS.

En la práctica de Kuji-In se combinan estos tres elementos ((movimiento (mudra)/ sonido (mantra)/ pensamiento (mandala/mente)) para manifestar sus deseos. (Otra vez recordamos que su objetivo ahora es realizar las prácticas diarias por el placer de aprender estas técnicas y por el placer de conectarse con su Yo Superior). Por cada SET, hará las posiciones de manos (mudra), recitará de forma repetitiva las palabras (mantra) y visualizará el mejor efecto del conocimiento (mandala/mente). Comience con el primer set, (el mantra RIN), usando únicamente del mantra de una sílaba. Repita el mantra en su mente, mientras que coloca las manos en la posición del mudra y pone la atención mental en el concepto asociado al mudra/mandala. Ponga su atención sin hacer un esfuerzo consciente. Deje que su mente se sosiegue hasta que descanse en ese pensamiento. No se juzgue a sí mismo duramente si su mente vaga en todas direcciones; sencillamente vuelva plácidamente a la práctica.

No avance al siguiente set hasta que se sienta cómodo con las tres partes del primer set; siéntase cómodo usando sus manos (mudra), junto con la palabra indicada (mantra) y el pensamiento (mandala). Cuando domine las tres partes de un set y sienta que algo comienza a ocurrir en el plano energético, puede avanzar a otro set. Cada uno, le llevará tan poco tiempo como un día o tanto tiempo como un mes de práctica diaria antes que pueda sentir sus efectos. Los períodos de práctica pueden variar entre cinco minutos y una hora cada día. Si no siente nada tras unos días de práctica, avance al siguiente. Eventualmente, sentirá las energías trabajando activamente sobre su cuerpo.

Cuando llegue al noveno set, comenzará a aprender mantras más complejos; son oraciones completas. En esta tesitura, es preferible que comience con el primero de nuevo y vuelva a subir los peldaños de la escalera. Esto aumentará la eficiencia de sus prácticas de Kuji-In y las Fuerzas Divinas estarán más presentes para trabajar con usted durante sus prácticas. Esta forma de mantra es una oración, por lo que se pronuncia repetidamente y con fe. Dígala como diría una frase normal que precisa ser dicha con reverencia. Está usted orando por su Yo Superior.

Antes de comenzar cada período de práctica, comience con unos minutos de ejercicios de respiración general. Luego, por cada período de práctica, comience con el primer set (RIN) y continúe de forma secuencial durante un minuto completo, seguido del siguiente (durante un minuto), uno después del otro, hasta que alcance el set sobre el que se encuentre actualmente trabajando/aprendiendo. Sobre éste puede practicar el tiempo que quiera.

Una vez terminado el proceso de aprendizaje del sistema Kuji-In completo, un período de práctica normal puede llevarle sobre treinta minutos, de la siguiente manera: un minuto para respiración, tres minutos por set (en total veintisiete minutos) y dos minutos de contemplación en silencio. Debe entonces meditar durante otra media hora para elevar su conciencia.

En la siguiente presentación, la primera foto muestra la mejor manera de hacer cada ejercicio y la segunda foto muestra la posición adecuada de los dedos de dicho ejercicio. A las instrucciones para cada mudra le siguen el chakra asociado con el Kuji, el mantra que ha de ser recitado y los conceptos y beneficios asociados con la práctica del Kuji. Observa que la palabra "On" (del japonés) es como el "Om" del sánscrito, pero el "On" incluye una proyección del mantra, mientras que el "Om" es más contemplativo e interno. Puede añadir un "Kanji" a su visualización. Un Kanji es un símbolo de representación japonés de una letra o palabra. Al lado de la foto del mudra, verá un pequeño cuadrado. El Kanji para este Kuji-In es la pequeña letra en el centro del cuadrado. Puede añadir el Kanji a su visualización.

Esta es la lista de los nueve sets de Kuji-in con sus nombres japoneses, asociados a sus beneficios.

1-RIN – Refuerza los aspectos positivos de los planos físico, mental y energético.

2-KYO – Incrementa el flujo sano de energía, la maestría de la energía.

3-TOH – Aumenta su relación positiva con el universo, dando como resultado una   armonía y equilibrio mejorados.

4-SHA – Desarrolla la sanación, regeneración.

5-KAI – Desarrolla el conocimiento, premonición, intuición, sentimiento.

6-JIN – Incrementa las habilidades telepáticas, la comunicación, la habilidad para el conocimiento.

7-RETSU – Amplifica su percepción y maestría de las dimensiones espacio-tiempo.

8-ZAI – Establece una relación con los elementos de la creación

9-ZEN – Termina en Iluminación, totalidad e invisibilidad sugerente.

Herramientas y aplicación

A pesar que aparentemente se trate de sentarse cómodamente y poner las manos en determinadas posiciones, el método de los Nueve Sellos combina actualmente cinco herramientas principales:

- la posición de las manos, llamada "mudra" en sánscrito
- la expresión verbal, llamada "mantra" en sánscrito
- el punto de atención en el cuerpo, llamado "chakra" en sánscrito
- la visualización mental, llamada "mandala" en sánscrito
- el concepto filosófico a meditar

Todas o algunas de estas herramientas se usan respirando en una postura relajada. La belleza de esta técnica es que puede ser realizada combinando únicamente dos de estas herramientas, para ayudar en la asimilación del conocimiento, aunque alcanza todo su potencial cuando todas las herramientas se aplican a la vez. De esta forma es mucho más sencillo asimilar cada paso.

Cuándo Utilizarlo

Las técnicas pueden ser utilizadas desde unos minutos hasta una hora completa todos los días. Funciona estupendamente justo antes de ir a dormir. Con el tiempo, la práctica le pondrá en un estado de relajación y consciencia interior, casi siempre a costa de una menor conciencia de su entorno. Es el objetivo. Generará de forma natural su propio aislamiento mental al practicar, lo que se vuelve necesario para protegerle de efectos secundarios importantes. Si comienza a practicar alguna parte de la técnica cuando se encuentra conduciendo su coche, o haciendo algo que requiere su atención, puede entrar en un estado aislamiento mental durante un momento, exponiéndose a sí mismo o a otros a algún riesgo. Frecuentemente es más fuerte que su deseo de conducir con precaución. La práctica le pondrá en un estado de consciencia interior. No querrá usar esta técnica maravillosa para perder su concentración en momentos críticos. De forma que le recomendamos practicar la técnica de los Nueve Sellos en un lugar adecuado para ello, cuando no se requiera un estado de concentración del que dependa su seguridad o la de otras personas.

Con esta técnica se centra la atención en uno mismo, no se utiliza mientras está realizando cualquier actividad que requiera atención. Incluso aunque la técnica le proporcione grandes resultados por si misma, los Nueve Sellos fomentan su desarrollo en otros procesos de formación haciendo que todo su potencial esté disponible. En este sentido, un atleta no ha de usar los Nueve Sellos o sus componentes mientras está en plena rutina, pero sí antes, o tal vez usar las herramientas de atención mental cuando esté sencillamente entrenando en el gimnasio. De la misma manera, un músico perturbará su concentración, si mantiene a nivel mental los conceptos a meditar, mientras intenta tocar su instrumento eficientemente. Pero la práctica previa de los Nueve Sellos , le beneficiará disponiendo de mayor número de conexiones neuronales.

Por ejemplo, la primera técnica se usa para desarrollar la autoconfianza y la fuerza física. Aquellos que la practican suficientemente, tendrán unos resultados más rápidos si hacen culturismo, y tendrán un período de recuperación entre entrenamientos, más corto. Un hombre de negocios que use la técnica completa durante 15 minutos al día durante una semana, se sentirá mucho mejor a la hora de realizar presentaciones o mantener negociaciones.

Mudras

El cuerpo está lleno de nervios que transportan electricidad, pero también tiene otros circuitos más sutiles, conocidos como meridianos. Dichos meridianos son utilizados comúnmente en la Medicina Tradicional China en la aplicación de la acupuntura. Son además la base de muchas técnicas de masaje, dado que tienen una influencia beneficiosa sobre el cuerpo y la mente. Normalmente su uso induce un estado de relajación, haciendo que el cuerpo tienda hacia su propia recuperación.

Las posiciones de las manos, o mudras, que usaremos cruzan y extienden los dedos de forma que obtienen el beneficios de los meridianos. A pesar que los meridianos se encuentran en la totalidad del cuerpo, la mayoría comienzan y terminan en la punta de los dedos, por lo que las posiciones de las manos y los dedos encajan. Respirar, estando centrado en los puntos de atención o en los puntos de acupresión, trabajará sobre dichos puntos de la misma manera que lo haría una aguja o un masaje.

En la India antigua, los hindúes probaban cualquier tipo de posición corporal, meditación, recitaciones interminables, ayunos difíciles, poniendo a prueba sus cuerpos y mentes, en una búsqueda del yoga del auto-desarrollo. Uno de los legados de todos estos experimentos fue el uso de los mudras que funcionaban sobre el cuerpo y la mente de una manera similar al yoga. Estas posiciones de las manos eran mucho más sencillas de aplicar que mantener las posturas corporales. Este conocimiento viajó hasta China y Japón junto con la propagación de la filosofía y las técnicas de meditación.

Mantras

Las expresiones verbales usadas para representar la referencia a lo filosófico que mantenemos en nuestra mente, aceleran el efecto de la técnica. Se conoce a través de la autosugestión y de la programación neural, que manteniendo un pensamiento en la mente, el concepto se integra en el proceso mental mucho más rápidamente si se expresa en voz alta, dado que se utiliza un mayor número de partes del cerebro para verbalizar que únicamente para contemplarlo mentalmente. Las palabras pueden ser expresadas en cualquier idioma, Lo importante es implicar el cerebro en la verbalización. Mientras que muchos practicantes de Kuji-In aprecian la pronunciación japonesa de los kanji, otros sanadores y personas espirituales prefieren los mantras sánscritos, y otras personas lo verbalizan en su lengua común. En este libro, daremos la pronunciación kanji japonesa (jp) y la pronunciación sánscrita (sk.) para cada uno de los nueve escalones.

Las afirmaciones concretas de las expresiones filosóficas son un componente clave para la formación mental, dado que refuerzan los conceptos representados en nuestra mente. Recitar de forma repetitiva palabras con determinado significado, fomentará el establecimiento de nuevas conexiones neuronales de nuestra mente subconsciente, y proporcionará los conceptos más accesibles para la consciencia, en nuestra mente consciente. Las expresiones verbales usadas en nuestras técnicas parecen diferir algo del concepto filosófico, a pesar de lo cual se combinan funcionando de forma eficiente. Todo este aspecto se simplificará bastante cuando finalice el aprendizaje de la primera técnica.

Mandala

La visualización es una imagen mental elaborada. Nos ayuda a mantener la atención en la técnica, previniendo que la mente divague. Por lo que, cuando comience a pensar en diferentes temas, no se presione para volver a la visualización, pero sí intente volver con una actitud en paz y relajada, volviendo a enfocarse en la imagen mental.

La imagen mental mantenida apoyará la atención en un punto, pero además usaremos colores como cromoterapia (terapia a través del color), combinando los efectos psicológicos del color para aumentar la eficiencia del período de práctica. Por su puesto, la visualización tiene una relación sutil con el concepto filosófico mental. Estas visualizaciones su sugerencias, varían de una tradición a otra. Les proporcionaremos otras diferentes en libros posteriores.

Chakras

Al prestar atención a un área del cuerpo durante el suficiente tiempo, se produce una relajación y aumenta nuestra conciencia de dicha área. Prestar atención a una parte de nuestro cuerpo acelerará su sanación y regeneración, dado que la atención mental ofrece mayor electricidad neuronal a esta área. Esta energía extra disponible es utilizada por el cuerpo de la mejor manera posible. Por ejemplo, las personas que utilizan analgésicos sanan más lentamente que aquellas que no los utilizan, dado que sentir dolor contínuamente atrae nuestra atención al área de dolor. La diferencia de tiempo de sanación no es milagrosa, pero sí notable. Cada una de las nueve técnicas requiere enfocar la atención en un punto específico del cuerpo, no para sanarlo, sí para potenciarlo. Estos puntos de atención, específicos para cada una de las nueve técnicas, son de forma simultánea, parte del sistema de meridianos, parte del sistema nervioso y parte del sistema endocrino, se asocian con un punto de acupresión, un centro nervioso principal y una glándula.

Poner la atención mental en un punto del cuerpo ha de hacerse con una actitud relajada. No es necesario concentrarse con fuerza. Sencillamente preste atención al punto y trate de sentirlo. Puede tomarle cierto tiempo antes que sienta alguna sensación particular, y tampoco esto es imprescindible. En el momento en el que preste atención a un área determinada del cuerpo, la técnica se potenciará.

1 – RIN

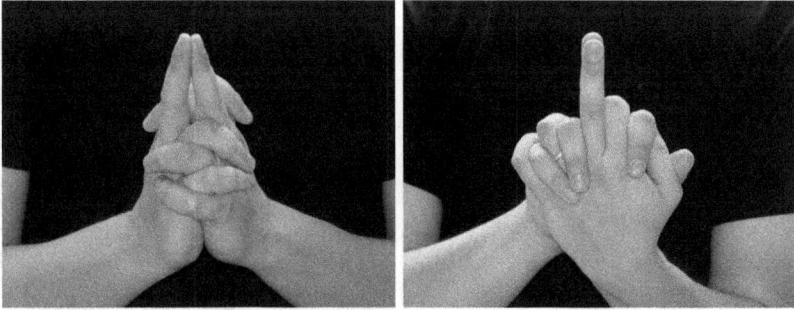

Extienda los dos dedos medios y entrelace los demás.

Chakra: Base

Mantra jp :   On baï shi ra man ta ya sowaka

Mantra sk: Om vajramanataya swaha

RIN se utiliza para fortalecer su mente y su cuerpo. Este Kuji-in ha de realizarse antes de ningún otro Kuji-in, para que sean efectivos. RIN actúa como un enganche a la Fuente Máxima de Poder. Al conectarse con esta energía divina, RIN fortalece su mente y su cuerpo, especialmente en colaboración con las otras prácticas de Kuji-in. Una conexión más fuerte a la fuente de energía divina le fortalecerá en todos los niveles. Por favor, sea consciente de que este set elevará su temperatura.

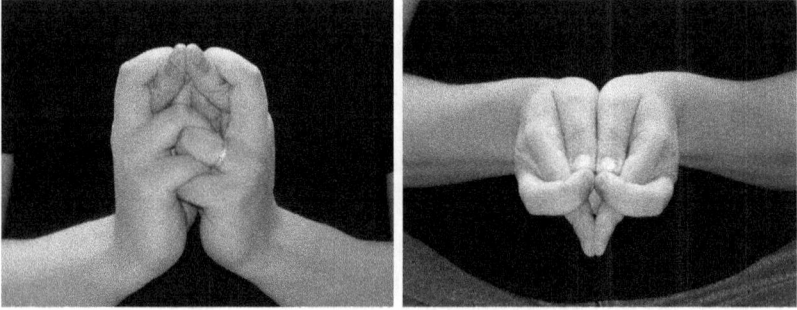

Extienda sus índices y doble los dedos medios por encima de ellos hasta que toquen las puntas de los pulgares. Entrelace el resto de los dedos.

Chakra: Hara/Ombligo

Mantra jp: On isha na ya in ta ra ya sowaka

Mantra sk: Om ishaanayaa yantrayaa swaha

KYO activa el flujo de energía entre el interior y el exterior del cuerpo, del entorno. Este Kuji-in le ayudará a aprender a dirigir la energía a través de su cuerpo, y eventualmente al exterior de su cuerpo, para que manifieste sus deseos en el mundo objetivo. A pesar que la fuerza de voluntad dirige la energía, no debe presionar mucho con la fuerza de voluntad. Cuando se utiliza para dirigir la energía debería ser algo así como "deseando algo con mucha fuerza" pero no como "presionando con una fuerza o dominando una situación". Cuando aplique su fuerza de voluntad para obtener algo que desee, deberá estar en todo momento en paz y relajado.

3 – TOH

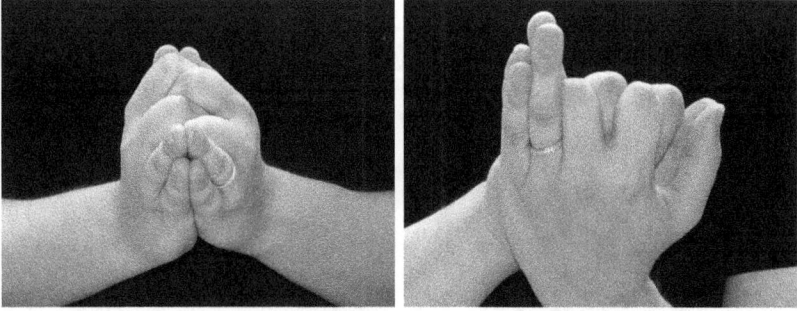

Una las puntas de los pulgares y de los dos últimos dedos, manteniendo los dedos índices y medios entrelazados hacia dentro.

Chakra: Dan-Tian, entre el Hara y el plexo solar

Mantra jp: On je te ra shi ita ra ji ba rata no-o sowaka

Mantra sk: Om jitraashi yatra jivaratna swaha

Con la práctica de TOH, desarrollará la relación con el medio que el rodea y eventualmente, con el resto del universo. Al practicar, llénese de energía y rodéese de esta energía. (Esto se logra visualizando que es así). Es el Kuji de la armonía. Le enseñará a aceptar las situaciones de la vida manteniendo paz interior. Respire profundamente hacia el abdomen, de forma natural, sin tensión.

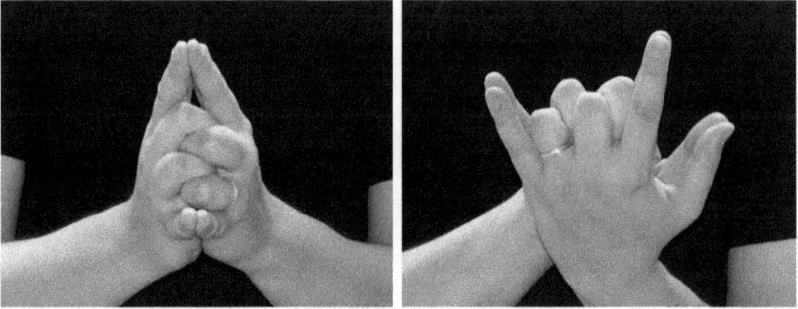

Extienda pulgares, índices y ambos meñiques. Entrelace los dedos medio y anular hacia dentro de las manos.

Chakra: plexo solar

Mantra jp: On ha ya baí shi ra man ta ya sowaka

Mantra sk: Om haya vajramaantayaa swaha

Con este Kuji la habilidad de sanar su cuerpo se incrementa. Con la práctica, su cuerpo se regenerará, sanará y reconstruirá con mayor facilidad. El incremento en la efectividad de sanación es el resultado de que, a través de los canales de energía (meridianos) y el plexo solar, haya niveles más altos de energía. La vibración de la sanación se irradiará eventualmente a su alrededor, causando la sanación de otras personas cuando pase tiempo con ellas.

5 – KAI

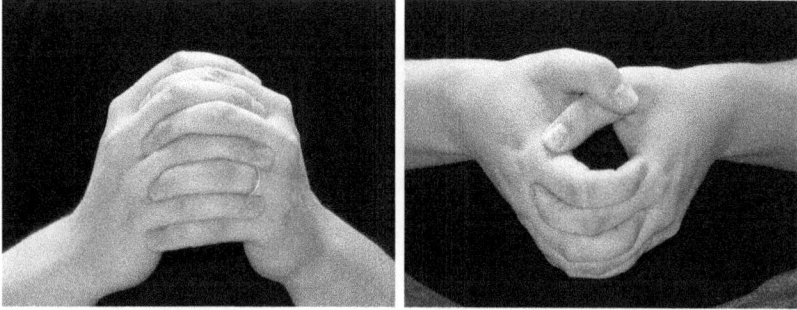

Entrelace todos sus dedos, con la punta de cada dedo presionando la raíz del dedo opuesto.

Chakra: corazón

Mantra jp: On no-o ma ku san man da ba sa ra dan kan

Mantra sk: Om namah samanta vajranam ham

Este Kuji aumentará su conciencia y le ayudará a desarrollar su intuición. El mudra se llama "Los vínculos exteriores". Los vínculos exteriores son corrientes de energía que preceden cada situación, incluso por un instante. Son una influencia específica del mundo exterior que produce cada una de sus experiencias.

La intuición es un aliado poderoso, en la medida que perciba que sus sentidos registran de su contacto con el entorno y de las personas que le rodean. Este Kuji potenciará su intuición y le ayudará a aprender a amarse a sí mismo y a otros.

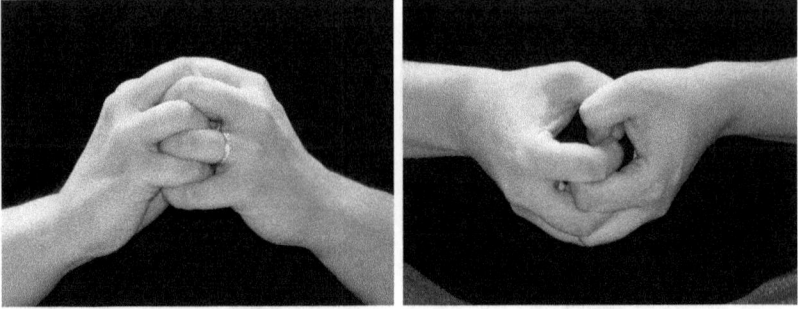

Entrelace todos los dedos con las puntas hacia dentro, tocándose entre sí si es posible.

Chakra: garganta

Mantra jp: On aga na ya in ma ya sowaka

Mantra sk: Om agnayaa yanmayaa swaha

Los "vínculos interiores" son corrientes de energía interna que conectan con su Yo Verdadero. Tenemos la habilidad de conocer los que otros están pensando. Profundizando en nuestro interior, en el lugar sin palabras, puede contactar con ese mismo lugar perteneciente a otras personas. Cuando hace esta conexión, puede escuchar los pensamientos sin palabras de otras personas, o puede aprender a comunicarse a través de conceptos de pensamiento; esto comúnmente se llama telepatía.

Este mudra se usa para abrir la mente a pensamientos que otros proyectan desde su actividad mental. Puede ayudarle a obtener comprensión acerca de la motivación de otras personas para hacer lo que hacen. Si quiere desarrollar la compasión, puede usar este mudra para aumentar su empatía hacia otras personas. Si no juzga lo que percibe, lo percibirá con mayor claridad.

7 – RETSU

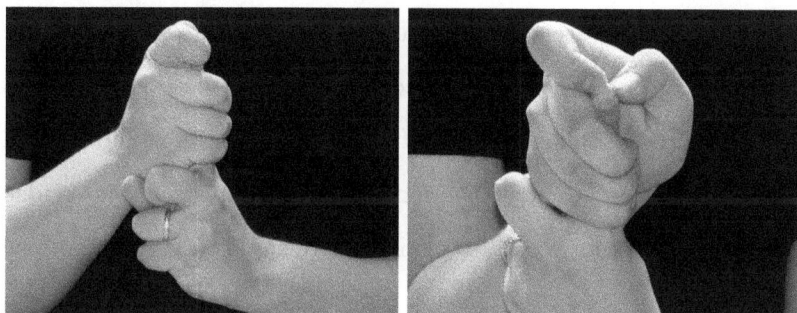

Apunte con su índice izquierdo hacia arriba. Envuelva con los dedos de su mano derecha el índice izquierdo. Coloque las puntas de los dedos pulgar e índice derechos en contacto con la punta del dedo índice izquierdo. Los dedos de su mano izquierda se cierran como un puño.

Chakra: la Puerta de Jade, detrás de la cabeza

Mantra jp: On hi ro ta ki sha no ga ji ba tai sowaka

Mantra sk: Om jyotihi chandoga jiva tay swaha

Tras practicar los ejercicios de Kuji-In durante un tiempo, se alterará la percepción de la materia bruta de forma que será capaz de percibir los diferentes flujos de energía que componen nuestro universo multidimensional espacio-tiempo. Según la teoría de la relatividad, al acelerarse la velocidad de la masa, el tiempo se enlentece, entonces si su energía fluye y usted aplica su fuerza de voluntad, su masa se acelera, el tiempo se enlentece para usted y puede simplemente cambiar (o dirigir) el flujo o el movimiento de su cuerpo a través del espacio.

Ahora, aparte toda esta teoría por un momento, y deje que su mente se adapte a esta nueva percepción del universo. Imagine que los átomos del universo se componen de ondas de energía en vez de materia sólida, rígida e inflexible; sienta la flexibilidad de la estructura de estas ondas de energía. Comprenda que estas ondas de energía construyen su cuerpo. ¡Usted está re-creándose contínuamente!

8 – ZAI

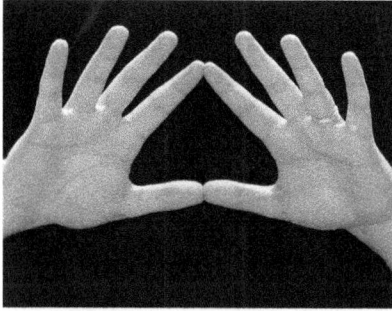

Una las puntas de los pulgares e índices formando un triángulo, dejando el resto de los dedos estirados.

Chakra: Tercer Ojo

Mantra jp: On Chi ri Chi i ba ro ta ya sowaka

Mantra sk: Om srija iva rtaya swaha

sRija : sh-ri-j con una "i" sorda tras la R

Rtaya :Rataya con una "a" sorda tras la R

Con la práctica de este Kuji, establecerá una relación con los componentes de la creación del universo : los elementos. Estos elementos no son únicamente físicos, son también espirituales. Esta práctica de Kuji es la base para el poder de la manifestación. Visualícese estando en armonía con la naturaleza. Visualice el flujo de Qi fluyendo desde la naturaleza hacia usted, y desde usted hacia la naturaleza. Después de un rato, notará una mayor conciencia acerca de lo viva que está la naturaleza y que se puede comunicar con ella. La naturaleza interactuará con usted dentro de los límites de la ley natural. Eventualmente, según amplíe su sensibilidad hacia la naturaleza, puede que desarrolle la habilidad de convocar manifestaciones elementales, cuando obtenga maestría.

9 – ZEN

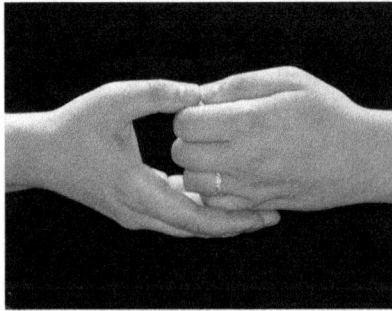

Descanse sus nudillos izquierdos sobre los dedos de la mano derecha, con la palma de la mano abierta. Una las puntas de los dos pulgares suavemente.

Chakra: corona

Mantra jp:　On a ra ba sha no-o sowaka

Mantra sk:　Om ah ra pa cha na dhi

La iluminación es el estado más elevado de la mente. La iluminación es un tipo de realización, lograda a través de la meditación. Con el uso de esta práctica, puede desaparecer de la mente común. Sigue estando ahí, por supuesto, pero otros con una mente común no pueden registrar su presencia, porque su vibración es más rápida de lo que sus mentes pueden reconocer o interpretar como real. Para practicar, imagine un vacío sencillo, luz blanca, en calma, en todas partes. Visualícese fundiéndose con la luz blanca. Se cree que para una persona promedio, usted puede volverse invisible.

Se requieren muchas horas de práctica para elevar su nivel de vibración lo suficiente para manifestar los efectos secundarios, como la invisibilidad.

Acerca de hacer progresos:

Para progresar con Kuji-in, es una buena idea tener un período de meditación tras cada período completo de práctica. Cuando "vuelva" de su meditación, sonría y beba un vaso de agua. No se niegue a sonreir, lo sienta o no. Respire profundamente y relájese.

Información Adicional sobre Kuji-In

Cada Kuji depende del Kuji previo. Por ejemplo, antes de practicar el cuarto Kuji para aumentar sus habilidades sanadoras, debe realizar el tercer Kuji para fomentar la armonía y circulación en sus intestinos y en el vientre. Antes de practicar el tercer Kuji, debe realizar el segundo Kuji, para permitir que la energía circule por su cuerpo. El segundo Kuji abrirá las puertas energéticas entre su sistema neural y su sistema energético en el plano etéreo. Antes de practicar el segundo Kuji, debe realizar el primer Kuji para obtener la fuerza para trabajar con él, desde su chakra base. Por esto todas las prácticas de Kuji han de realizarse en orden, una detrás de la otra. Por eso, tratar de avanzar rápidamente no producirá demasiados resultados. Si imagina una sucesión de cañerías de plomo en serie, confluyendo en un estanque, las válvulas deben abrirse en cada junta. Cualquier restricción, (cualquier válvula que esté cerrada) restringirá el flujo de agua al avanzar a la siguiente sección; si las válvulas no se abren en el orden apropiado, su estanque permanecerá vacío. Funciona de la misma manera que el flujo del Zen. La energía Zen es el agua en esta analogía. Debe abrir cada válvula (con la práctica correcta) en la sucesión adecuada de forma que la energía Zen fluya hacia su destino.

Esta lista le proporcionará una idea acerca del proceso adecuado y necesario para obtener una experiencia de éxito con kuji-in:

1- RIN permite el acceso a la fuerza, la energía y despierta su llama.

2- KYO hace circular la energía en su cuerpo, permitiendo que fluya hacia el interior y exterior.

3- TOH reúne la energía en su almacén (vientre) y la hace circular.

4- SHA distribuye la energía en las partes del cuerpo que lo necesitan, dando lugar a la sanación.

5- KAI le permite Sentirlo Todo.

6- JIN le permite Saberlo Todo.

7- RETSU le permite Ser Consciente de Todo.

8- ZAI es un proceso donde usted llega a ser consciente de que todo es energía manifestada.

9- ZEN le conecta con el YO SOY.

Las siguientes visualizaciones son variaciones útiles del Kuji-In que le facilitarán la comprensión de las funciones y manifestaciones de las que será capaz tras trabajar con estas prácticas. Realice la práctica completa de Kuji-In, repitiendo el mantra completo, enfocando suavemente en el chakra correspondiente, mientras mantiene la atención en el objetivo del Kuji y luego añada las siguientes visualizaciones a su práctica. Puede parecer complejo al principio, pero intente mantener en mente de forma simultánea, tantos aspectos del ejercicio como sea posible.

Prácticas Rituales Completas del Kuji-In

Primer Kuji (RIN): Visualice una luz roja brillante descendiendo del cielo sobre su cuerpo y encendiendo una llama en su chakra base, la región entre su ano y sus órganos sexuales. Relájese y comience la visualización, realice el mudra, recite el mantra con calma, despacio o rápido, como quiera (incluso acelerando el ritmo primero, vuelva a un ritmo más lento después). El chakra base es el punto donde emerge la Llama Sagrada a su cuerpo energético.

Segundo Kuji (KYO): Ponga la atención en el chakra del ombligo. Visualice su cuerpo llenándose de luz roja, que circula a través de su cuerpo y alrededor de él. Continúe con la atención en el chakra, sin forzar la concentración, pero manteniéndose consciente de ello.

Tercer Kuji (TOH): Ponga la atención en su Dan-Tian, y visualice la región del vientre llenándose con luz naranja y dorada, fluyendo de forma armoniosa a través del sistema intestinal, sanando su cuerpo. El Kuji TOH afecta la armonía entre usted y otros en su vida; aumenta la paz en sus relaciones, la alegría de asociaciones y comunicaciones y la armonía disponible a nivel emocional. Practique este Kuji para realzar sus relaciones con otras personas, así como para sanar sus intestinos.

Cuarto Kuji (SHA): Ponga la atención en su plexo solar. Visualice cómo se llena de una luz dorada y amarilla, latiendo con fuerza y paz. Es el Kuji de la sanación. Desencadena la regeneración de su cuerpo y la sanación de todos los aspectos físicos de su salud.

Quinto Kuji (KAI): Enfoque sobre el chakra del corazón mientras imagina una luz azul confortable a su alrededor. Su corazón brilla intensamente con un azul eléctrico y sosegado, tan claro y fuerte que se irradia más allá de su cuerpo. Usted está protegido, tiene intuición.

Sexto Kuji (JIN): Concéntrese en el chakra de la garganta, rodeando el área con un azul celeste. Visualice una luz azul celeste emanando de su garganta. Imagine que su cuerpo es muy grande, inmenso, mucho más imponente que su cuerpo físico actual. Véase a sí mismo con una altura gigantesca, lleno de una luz azul celeste que le contiene por completo. Permanezca en esta visualización y simplemente contemple que tiene usted acceso a todo el conocimiento del universo. Perciba los vínculos entre usted y el resto de la realidad cósmica: vínculos de conocimiento y consciencia.

Séptimo Kuji (RETSU): Preste atención al área detrás de su cabeza, en la base del cráneo. Ahora es consciente que el tiempo no tiene sustancia, que la materia no tiene sustancia, que todo es energía y que TODO es eternidad atemporal. Encuentre su propia visualización, abstracta y simple.

Octavo Kuji (ZAI): Enfóquese sobre el Tercer Ojo y visualícese bañado en una luz violeta. Sepa que es usted es el Maestro de su universo personal y que es completamente consciente del universo inmediato.

Noveno Kuji (ZEN): Su consciencia le lleva a ser uno con el YO SOY. Contemple la verdad : "Yo soy. Yo soy todo. Yo soy en todo. Yo soy el Vacío". Aclare su mente por completo y permita disolverse en el Vacío absoluto y completo del Espíritu. El espíritu está más allá de la comprensión y percepción humanas. Permita disolverse en el Yo Supremo, vacíe su mente.

Medite siempre unos minutos tras realizar las técnicas Kuji-In. Debe dejar reposar su mente. Respire profundamente y relájese. Su sistema energético también necesita descansar. Permanezca en calma, tranquilo y relajado durante un tiempo tras cada sesión.

Kuji-In es una oración, no un kit de "háztelo-tú-mismo" para obtener poder. Busque el Amor y la Compasión; la fuerza vendrá por sí sola. Haga sitio en su corazón para que su Espíritu juegue y atraiga alegría. Haga sitio en su mente para que su Espíritu piense y atraiga paz. Lo mismo se aplica a su cuerpo, que es su Templo Interior, el lugar donde el Espíritu reside. Su Templo Interior es además el lugar principal donde tendrán lugar las manifestaciones resultado de su práctica.

RIN

Puede resultar difícil de creer, pero el Fuego Universal está situado en la base de su propia experiencia: el chakra base al comienzo de su columna vertebral. Usted es todo lo que hay ahí; simplemente no comprende todavía lo que esto significa. En este camino, aprenderá que la Llama Sagrada crece en usted, asciendo por su columna hasta que llena por completo su cuerpo.

Respire profunda y suavemente. Cada inhalación nutre la llama de su chakra base, fomentando que se llene con el Fuego Sagrado. Visualice la llama aumentando de intensidad, dando vida a la totalidad del cuerpo. Según se va llenando con este

Fuego Sagrado, todos los circuitos de energía del cuerpo se repararán por sí mismos, adquiriendo más salud y vida al recibir el flujo de la energía Raíz Universal: el Fuego Sagrado. Esta es su conexión con Todo lo Que Es.

Cada vez que toma una decisión, notará que algunos músculos se tensan con miedo. Esto ocurre a causa del miedo biológico inherente al cuerpo humano animal. El objetivo de este ejercicio es llegar a ser consciente de la naturaleza del miedo, procedente de su parte humana, animal. Una vez sea consciente de estos miedos, libérelos y confíe en sí mismo. La autoconfianza es la clave del éxito para todo.

KYO

Lo que usted proyecta sobre otros, viene de vuelta a usted eventualmente (para bien o para mal). Esto nos enseña a mantener una actitud de paz constante. Sonría. Alégrese a la hora de comunicarse y en sus acciones. Desarrollará paz y alegría al aceptarse a sí mismo. Descubrirá que su experiencia del entorno se modifica, lenta pero de forma segura, por la energía sana que nutre y proyecta hacia fuera. La Llama de la Vida destruirá sus comportamientos antiguos para establecer otros nuevos, maneras más saludables de actuar y de ser. Los lazos de energía que le mantienen vinculado a esos comportamientos antiguos se desatarán y cada vínculo que le mantenga preso se consumirá inevitablemente por la Llama de la Vida.

Al desarrollar este sistema de manejo de energía, nuevo y amplificado, descubrirá que es esencial que se haga completamente responsable de sí mismo. Todo lo que hace, todo lo que dice, encontrará una manera de manifestarse a su alrededor. Tendrá que aprender tolerancia y alegría o magnificará sus pensamientos negativos y estos se manifestarán como su realidad. Es absolutamente necesario permanecer positivos, incluso en las peores situaciones. Será necesario aprender a sentir los dolores e inquietudes emocionales cotidianos y a la vez permanecer positivos; experimentar estos períodos depresivos que todos tenemos y aceptarlos humildemente, sin juicio. Mantenga los ojos de su corazón fijos en un plano elevado de vida. De hecho, experimentará un habilidad creciente de impactar positivamente el mundo a su alrededor y de manifestar sus deseos, nutriendo y proyectando su entorno de energía saludable.

TOH

Kuji-In ha de realizarse siempre con una actitud de gratitud hacia el universo infinito. Debe completar cada acción con respeto. El éxito de sus rituales personales depende de su habilidad para permanecer humilde ante el Todo, la Gran Realidad Espiritual. Cuando encuentre un obstáculo enorme, como una roca obstruyendo su camino, en vez de emplear todas sus energías tratando de mover la roca, simplemente rodéela. De esta forma, incluso si la roca piensa que tiene el poder de bloquear su camino, volverá a la carretera, moviéndose hacia delante, manteniendo toda su energía para un propósito más útil. Sea humilde en su camino. No tiene que demostrar nada a nadie, ni siquiera a sí mismo. Confíe en sí mismo, siempre.

Busque la armonía del universo a su alrededor. Cuando ocurra algo que le disguste o que cambie sus planes, elija una actitud de compasión. No malgaste su energía enganchándose en una batalla por un obstáculo. Con una mente, un corazón y un cuerpo fuertes, puede avanzar en el camino de la evolución con confianza. Incluso sus músculos se beneficiarán de esta actitud mental positiva en el camino. En el momento que ponga su mente en algo, la energía universal estará allí para apoyarle.

SHA

SHA nos enseña que la fuerza sin vacilación está siempre disponible para usted. Esta energía fluye constantemente hacia su interior, encendiendo su Llama Sagrada, haciéndola crecer hasta que alcance su plexo solar (el dispensador de energía). Allí se localiza el gran poder del universo y es un poder que puede palpar en cualquier momento. Debe saber que es usted poderoso. Debe saber además, cómo manifestar este poder en su vida, debe estar preparado para asumir la responsabilidad de sus acciones.

La manifestación más obvia de su nueva habilidad para hacer circular esta energía poderosa, será la completa sanación de su cuerpo. Qi y Prana se moverán en su cuerpo como ríos de fuego y pura luz. Hay otras manifestación de esta fuente interna de poder. Pueden ocurrir grandes explosiones de energía cuando realmente las necesite. Recuerde que tiene la misma habilidad para hacer daño que para curar. Este es un poder impactante. Debe ser responsable de sus acciones. Existen consecuencias importantes para el mal uso de este poder. La intención original no importa, sólo el resultado.

KAI

Al utilizar KAI encontrará que esta energía nueva circula con facilidad; el flujo de energía crece y comienza a expandirse más allá de vínculos de ilusión de su cuerpo. Es tiempo de escuchar, tiempo de afinar su escucha interior. Percibirá este mundo exterior a través de su yo interior sólo si está disponible para recibir la información. Si está convencido que ya conoce la verdad de la existencia o que no tiene nada que aprender de otros, estará construyendo un muro que le previene de ver qué es lo que hay en el otro lado. Si ya existe un muro, permita que el fuego de su Espíritu lo queme. La intuición será su guía más poderosa en este proceso. Le revelará la verdad acerca del mundo que le rodea, si permanece sensible y disponible a dicha información.

Al practicar KAI se vincula a la naturaleza y a las leyes que gobiernan el universo entero. No sólo está en contacto con ellas, sino que está vinculado a todo ser viviente, como los hilos de un tapiz tejido por el Creador de TODO. Usted es una parte activa de la fábrica viviente del mundo. Si permanece atento a su entorno inmediato, será capaz de practicar, a pequeña escala, su habilidad de estar en contacto con el gran universo. Sólo existe una manera de expandir de forma eficiente su cuerpo energético más allá de los vínculos físicos; esa manera es expresar la compasión y el amor en todas las circunstancias.

JIN

Al practicar el Kuji JIN, será capaz de encontrar su Yo Superior y contactar con pensamientos elevados de esa parte suya más evolucionada. Existe una parte especial de su proceso de pensamiento, escondido profundamente en su interior, que no utiliza palabras para comunicarse. De hecho, no habla en ninguna lengua que su mente consciente comprende. Este lugar "sin palabras" es el lugar desde donde verdaderamente se comunica, piensa y sabe. Es el lugar a donde la divinidad está conectada y piensa a través de la mente humana. Encuentre el lugar sin palabras y encontrará esta Gran Verdad.

Si quiere enviar y recibir pensamientos con su mente, debe comprender que los pensamientos que viajan no son pensamientos en forma de frases o palabras; los pensamientos que viajan no dependen de ninguna forma de lenguaje o sistema de comunicación. Escuchar sin palabras es aceptar su propia incapacidad para comprender esta verdad, y aprender a confiar únicamente en su Espíritu. Una vez se encuentra a sí mismo, en su interior más profundo, llegará a ser consciente de todo aquello que llega a la comprensión de su mente. Sólo entonces puede decidir si realmente quiere ponerle palabras a estos conceptos para comprender estos pensamientos e imágenes flotando en el mundo exterior.

RETSU

El Kuji-In RETSU le ayudará a ser consciente que el universo se compone de más de tres dimensiones espaciales. De acuerdo con física cuántica moderna, hay nueve dimensiones espaciales y una dimensión temporal, dando un total de diez dimensiones espacio-tiempo. Para aumentar su comprensión de esta realidad mayor, debe dejar de creer que tan sólo le tocan sus sentidos y comenzar a escuchar y observar más allá del contínuo espacio-tiempo en el que se encuentra, aceptándolo como realidad. Los misterios de la creación no deben permanecer en secreto para siempre si toma este camino. Naturalmente, sus sentidos son necesarios para la experiencia cotidiana humana, pero cuando comienza a reconocer la existencia de niveles superiores de percepción, expandirá su habilidad para ver/percibir estas otras dimensiones. Medite para encontrar este lugar de percepción más elevado. Busque el estado de trascendencia, luego el estado de trascendencia consciente.

El espacio-tiempo es donde parece que usted existe. De hecho, actualmente es el lugar donde su Yo Superior está experimentando con la experiencia de vida. Las dimensiones son particiones que delimitan la manifestación de varios mundos, pero su Espíritu puede cruzar fácilmente estos límites, una vez que usted entiende cómo. Desarrolle su autoconfianza y fe. Crea que puede hacerlo. Se lo suficientemente inteligente para darse cuenta de sus límites, para no hacerse daño, pero sea lo suficientemente valiente para ir más allá de estos límites cuando se sienta capaz. Reconcíliese con sus limitaciones físicas, y sepa que no tienen por qué definir su existencia, tan sólo su experiencia inmediata.

ZAI

El mundo de los elementos es algo más que las manifestaciones físicas del Fuego, Aire, Agua y Tierra. En el núcleo de la creación, en el momento del nacimiento del universo, en el nivel más alto de vibración de nuestro universo, el Espíritu eligió manifestarse en muchas formas. Todos y cada uno de los Elementos de la Creación son un aspecto de la Consciencia de Dios. Los elementos pueden ser clasificados tanto como los Cuatro Elementos utilizados en el Esoterismo Occidental como los Cinco Elementos comúnmente utilizados en el Sistema Esotérico Oriental. Estos sistemas de clasificación ayudan a la comprensión humana. La base de la habilidad para manifestar y crear es el conocimiento de que los Elementos de la Creación son verdades espirituales absolutas en acción. Han de ser elogiados como el origen de la creación y admirados en su manifestación física. Forme una relación con los Elementos de la Creación, a través del desarrollo de una actitud de alabanza.

Los seres humanos siempre tenemos miedo a lo desconocido. Los miedos más inquietantes que sufrimos son miedos a lo indefinido, a lo misterioso, lo extraño y oculto: cualquier cosa de lo que no estemos seguros, nos inquieta. Al desarrollar mayor conocimiento, desarrollamos un sentimiento de control que fomenta la confianza; pero incluso la verdad desconocida más inocente es siempre más difícil de considerar por la mente humana, que la mayor y más conocida falsedad. Con la fe como guía, no conocerá el miedo. Lo desconocido dejará de ser un bosque oscuro lleno de monstruos, y llegará a ser un lugar para experimentar grandes aventuras y las verdades más luminosas. Cuando conquiste su miedo a lo desconocido, descubrirá que es la puerta escondida que lleva al Espíritu.

ZEN

ZEN te enseña a rendirte absolutamente al Universo. Le aconseja liberarse de todo aquello que ha aprendido: cada creencia y cada pensamiento. El ego humano es una herramienta necesaria que le permite aprender determinadas lecciones. Ahora es tiempo de liberar el ego y de recordar lo pequeños que somos comparados con el Vacío amplio que es la creación de la mente del Espíritu. De pie, mirando hacia el Universo, usted es una mota infinitesimal, casi nada. Ponga su ego en su sitio y permita que el Espíritu entre en su vida. Acéptelo todo: cada manifestación, cada persona, cada situación y cada creación como parte del Espíritu. El Espíritu no puede ser asido ni comprendido. El Espíritu tan sólo puede ser amado. Cuando esté completamente inmerso en el Amor del Espíritu, se regocijará con su Yo Divino, con su parte de la Conciencia Suprema, creadora de todo. Luego, cuando contemple el Universo Infinito, se reconocerá a sí mismo.

Conclusión: No-mente

El objetivo de toda práctica de meditación es permitir que su mente juegue con su Espíritu, con su Verdadero Yo. Cuanto más completo es el método de meditación, más efectos físicos tendrá y su mente consciente se conectará con su Yo Divino más rápidamente. Al conectar con su Yo Superior, puede sentirse arrollado por pensamientos elevados. Eventualmente, su mente humana querrá cerrarse para hacer sitio para estos pensamientos elevados; su mente buscará 'paz mental'. Por lo tanto, al permitir que se llene su mente, se sentirá contento en un primer momento, hasta que quede inundado. En este punto, simplemente permita a su mente cerrarse y mirar hacia lo divino. Al buscar estos pensamientos elevados y permitir que le llenen, encontrará paz.

Cuando combina todas sus prácticas preferidas con las actividades normales de su vida diaria, está haciendo sitio en su mente para su Espíritu. El uso regular de estas profundas meditaciones, le mantendrá en un estado meditativo ligero durante sus otras ocupaciones diarias. Con el tiempo, su mente aprenderá a contemplar el Espíritu, sin engancharse con procesos cognitivos de pensamiento. Este es el lugar de la "no-mente".

Nunca subestime el poder de la Alegría. Muchas aproximaciones meditativas niegan el derecho de la mente a jugar. Estas aproximaciones quieren eliminar la mente humana lo antes posible del proceso meditativo, empujándola fuera de la contemplación del Espíritu con fuerza. Esto sólo disgustará e incluso dañará su mente. Todas las palabras, pensamientos, métodos y distintas técnicas que hemos estudiado aquí...todos estos ejercicios dan libertad a la mente para jugar; cuando juega, la mente está contenta. No elimine los juguetes de la mente demasiado deprisa. Deja que su mente juegue cuanto quiera. Cuando esté satisfecha, como un bebé bien alimentado, querrá descansar. Entonces estará lista para contemplar pacíficamente el proceso de pensamiento de su Verdadero Yo, sin palabras, sin métodos, sin técnicas, y especialmente, en un estado de no-mente.

El camino de la iluminación no es un objetivo que alcanzar, sino un proceso que debe experimentar. Si pasa por alto parte del camino, la mente humana echará de menos el sabor de esa especia, volviendo a ese punto una y otra vez hasta que tenga todos los ingredientes que componen la sabrosa experiencia de la vida. No es necesario que corra a través de todos los claros y sombras de los bosques iluminados y oscuros a ambos lados del camino. Sin embargo, el camino en sí mismo ha de ser transitado en su totalidad.

El camino hacia la iluminación descansa en las estribaciones de la experiencia de la Alegría. Le espera la Gran Alegría en cada esquina, incluso cuando parece que percibe dolor. Con devoción, tolerancia y compasión hacia sí mismo, obtendrá Alegría, Amor y al final, Iluminación.

Con devoción a la evolución de mis compañeros humanos, ofrezco este conocimiento con la esperanza que alcanzarán el nivel de realización que buscan. Con Amor y Compasión, rezo para que lo Divino le sea revelado, los verdaderos practicantes de la más sagrada de las artes.

Sea bendito en tu camino,

MahaVajra

www.ingramcontent.com/pod-product-compliance
Lightning Source LLC
Chambersburg PA
CBHW072128090426
42739CB00012B/3106